왕초보 챗GPT로 책쓰기 도전

왕초보 챗GPT로 책쓰기 도전

가재산·장동익·김영희 공저

글로벌콘텐츠

서문

AI 시대의 글쓰기 혁명

80세 할머니가 3개월 만에 첫 책을 출간했다면 믿겠는가? 컴퓨터 키보드도 제대로 다루지 못하던 분이 말이다. 이것은 상상이 아니라 현실이다. 2023년, 인류는 5,000년 글쓰기 역사상 가장 혁명적인 순간을 맞았다. 바로 인공지능 AI, 특히 챗GPT의 등장이 가져온 글쓰기 혁명이다.

인간의 역사에서 글쓰기는 언제나 특별한 기술이었다. 동굴 벽화에서 파피루스, 종이책, 그리고 이제는 디지털 글쓰기로 이어지는 이 길목에서 2020년대에 들어서면서 또 하나의 거대한 전환점을 맞이한 것이다.

지난 10여 년간 '디지털 책과 글쓰기 세미나'를 전국 각지에서 80여 회 개최하며 주로 책과 글쓰기 초보자나 컴맹, 폰맹인 시니어들과 함께해 왔다. 이 과정에서 가장 보람찼던 순간은 "나는 글을 못 써요"라고 말하던 분들이 자신만의 책을 출간하고 즐거워하는 모습을 지켜보는 일이었다. 5년 전에 시작하여 운영하고 있는 '디지털책쓰기코칭협회'를 통해 100권 이상의 책이 세상에 나왔다. 그중 대부분은 평생 한 번도 책을 써보지 않았던, 소위 책과 글쓰기에 왕초보나

70, 80대 시니어의 작품이었다.

　그들이 성공할 수 있었던 이유는 단 하나였다. 바로 '나도 할 수 있다'는 자신감과 그것을 뒷받침해 줄 실용적인 디지털 AI 기술과 방법론이 있었기 때문이다. 그리고 이제 우리에게는 챗GPT라는 놀라운 협력자가 나타났다. 디지털 혁명과 AI의 등장으로 글쓰기의 문턱은 과거 어느 때보다 낮아졌다. 전통적인 글쓰기에서는 기획력, 문장력, 구성력, 창의력 등 여러 요소가 필요했다. 이 모든 능력을 갖추지 못했다고 느끼는 분들이 많았다. 특히 디지털 기기 사용이 익숙하지 않은 왕초보나 시니어들은 이중의 장벽을 느꼈을 것이다.

　하지만 이제는 다르다. 우리 모두에게는 남기고 나누고 싶은 이야기가 있다. 특히 시니어 세대에게는 "노인 한 명이 죽으면 도서관 하나가 불탄 것과 같다"라는 아프리카 속담처럼 평생 동안 축적한 지혜, 경험, 통찰이 있다. 챗GPT의 도움으로 그 소중한 이야기들을 책으로 남기는 일이 훨씬 쉬워졌다. 이 책은 이러한 성공 사례들의 방법론을 체계적으로 정리한 안내서다. 특히 다음과 같은 분들께 이 책이 큰 도움이 될 것이다.

- '나는 글재주가 없어'라고 생각하는 분
- 컴퓨터나 스마트폰 사용이 능숙하지 않은 시니어
- 자신의 경험과 지혜를 후세에 남기고 싶은 분
- 은퇴 후 새로운 도전을 찾는 액티브 시니어
- 디지털 기술에 관심은 있지만 진입장벽을 느끼는 분

이 책은 책쓰기 왕초보는 물론이고 특별히 시니어들에게 유용한 내용으로 구성되어 있다. 첫째, 디지털 AI 기기를 활용한 간편한 글쓰기 방법을 소개한다. 타이핑을 빠르게 하지 못해도 챗GPT의 음성인식 기술STT을 활용해 말로 글을 쓸 수 있다. 둘째, 챗GPT를 활용한 글쓰기는 프롬프트의 질문이 핵심인데 이를 실제 사례와 함께 상세하게 소개한다. 셋째, 단계별 실습을 통해 실제로 책 한 권 초안을 뚝딱 끝내고 수정보완해서 완성해 나가는 실전 과정이다.

특히 시니어들의 풍부한 인생 경험은 AI와 결합했을 때 놀라운 시너지를 발휘한다. 챗GPT가 구조와 형식을 제공한다면 여러분은 그 안에 나만의 이야기를 담아 진정성과 감동을 불어넣을 수 있다. 이것이 바로 AI 시대의 글쓰기가 갖는 특별한 가치다.

이 책은 기술에 대한 책이 아니다. 이것은 여러분의 이야기, 여러분의 목소리를 세상에 전하는 방법에 관한 책이다. 살아온 인생의 지혜, 전문 분야의 지식, 취미와 열정, 가족의 역사, 그리고 꿈과 비전을 책으로 담아내는 방법을 알려준다.

디지털 월드Digital world행 열차는 이미 출발했다. 어쩌면 이것이 우리 세대의 마지막 열차일지도 모른다. 하지만 늦지 않았다. 지금 이 순간에 탑승하고 동행하면 된다. 이 책은 여러분이 승차할 수 있는 티켓이자 여정의 동반자가 될 것이다.

여러분의 경험은 소중하다. 여러분의 이야기에는 가치가 있다. 이제 AI의 도움을 받아 그 이야기를 세상과 나눌 시간이다. 컴퓨터 키보드 앞에서 망설이는 책쓰기 왕초보나 시니어들에게 말한다. 여러분은 혼자가 아니다. 이 책과 함께라면 왕초보나 컴맹, 폰맹이라도 당당한 작가가 될 수 있다. 자! 그럼 함께 시작해 보자.

가재산 씀

목차

서문 4

제1장
디지털 세계의 새로운 글쓰기
1 챗GPT의 등장과 글쓰기 혁명 15
2 챗GPT로 책과 글을 쓰는 놀라운 효과 26
3 시니어가 챗GPT로 책과 글을 쓰면 좋은 이유 33
4 생성형 AI 5총사를 활용한 책과 글쓰기 41
5 챗GPT로 책과 글쓰기의 한계와 대처 방안 54

제2장
챗GPT 활용을 위한 효과적인 프롬프트 설계 가이드
1 프롬프트의 기본 개념 67
2 효과적인 프롬프트의 구성 요소 71
3 프롬프트 유형별 접근법 80
4 프롬프트 최적화 기법 87
5 프롬프트 작성 시 주의 사항 94
6 고급 프롬프트 전략 101

★ 효과적인 챗GPT 사용을 위한 프롬프트 Q&A 20선 111

제3장
챗GPT를 활용한 장르별 초안 만들기

1 축사 127
2 주례사 129
3 기도문 131
4 블로그 133
5 기행문 135
6 수필 137
7 칼럼 139
8 숏폼 에세이 141
9 쓰레드 143
10 시 146
11 소설 148

제4장
챗GPT로 뚝딱 책 한 권 쓰기 실전

1 출간기획서란 무엇인가 155
2 서문과 에필로그 쓰기 실전 159
3 출간기획서로 서문 목차 작성 실전 162
4 초안 완성하기(A4 용지 100페이지 분량) 실전 168
5 초안 본문 세부 내용 수정과 다듬기 174
6 일화를 통한 개인화(스토리텔링)와 실전 프롬프트 181
7 챗GPT에 학습시켜(업로드) 책과 글쓰기 184

제5장
챗GPT를 활용한 책 출간과 적용 사례

1 챗GPT를 활용한 자서전 쓰기 195
2 챗GPT로 자기계발서 쓰기 210
3 챗GPT로 경제경영 전문서 쓰기 214
4 챗GPT로 수필/에세이 쓰기 217
5 챗GPT로 기행문 쓰기 223
6 챗GPT로 전문서적 쓰기 226
7 챗GPT로 칼럼집 쓰기 231

제6장
챗GPT를 활용해 초안 다듬어 완성하기(예시)

챗GPT를 활용한 글쓰기 향상 기법: 저자를 위한 실전 가이드

1 문법과 표현 개선 242
2 문장 흐름 개선 244
3 분량 조절 246
4 콘텐츠 강화 249
5 독자 친화적 개선 253
6 목적별 최적화 256
7 톤/스타일 조정 260
8 구조적 개선 263
9 명확성 향상 269
10 미세 조정과 마무리 274

부록 279

왕초보 챗GPT로
책쓰기 도전

1
챗GPT의 등장과 글쓰기 혁명

AI 기술의 오늘과 내일

인공지능AI은 이제 더는 미래의 기술이 아니다. 스마트폰 속 음성 비서부터 온라인 쇼핑의 상품 추천 시스템과 병원에서 활용되는 진단 알고리즘까지, AI는 이미 우리의 일상 곳곳에 스며들어 있다. 하지만 지금 우리가 보고 있는 AI는 시작일 뿐이다. 기술은 더 깊고 넓게 그리고 더 복잡하게 진화하고 있다. 그렇다면 오늘의 AI는 어떤 모습이고 내일의 AI는 어떤 변화를 가져올까?

현재 우리가 접하고 활용하고 있는 AI는 흔히 '약한 AI' 또는 '좁은 AINarrow AI'로 불린다. 이 AI는 특정한 과업만을 수행할 수 있도록 설계된 기술이다. 약한 AI는 정확하고 빠르지만, 인간처럼 생각하거나 여러 문제를 동시에 유연하게 다루는 능력은 아직 갖추지 못했다.

지금의 AI 기술은 성인에 비유한다면 중학생 수준에 이르는지도 모른다. AI 기술은 일 년에 100배 속도로 발전하고 있다는 이야기가 있을 정도로 빠르게 변화하며 앞으로 다음과 같은 단계로 발전할 것으로 전망된다.

단계	명칭	주요 특징	예시	도달 여부
1단계	약한 AI Narrow AI	특정 업무만 수행	챗봇, 음성비서	현재 사용 중
2단계	강한 AI General AI	인간 수준의 사고 가능	자율적인 의사결정 AI	연구 단계
3단계	초지능 AI Super AI	인간 능력 초월	창의적 사고, 자가 발전	이론 단계
4단계	집단 AI Collective AI	AI 간 협업/학습/진화	AI 생태계 구축	미래 예측

많은 연구자가 꿈꾸는 AI의 다음 단계는 '강한 AI', 또는 '일반 AIGeneral AI'라고 부르는 수준이다. 이 단계에 이르면 AI는 특정 문제에만 국한되지 않고, 인간처럼 상황을 이해하고 사고하며 다양한 문제를 종합적으로 해결할 수 있는 능력을 갖게 된다. 강한 AI는 스스로 배운 내용을 다른 문제에 응용하고, 감정이나 맥락을 이해하며, 도덕적 판단까지 고려할 수 있는 수준을 목표로 한다. 예컨대, 오늘은 환자의 상태를 분석하고 진단을 내리는 AI가, 내일은 정책을 제안하고 교육 콘텐츠를 스스로 설계하며 인간과 대등한 지적 대화를 나누는 AI로 발전할 수 있는 것이다.

그 다음 단계는 상상만으로도 경이롭고 때로는 두려운 '초지능 AISuper AI'다. 이 수준의 AI는 인간의 모든 지적 능력을 능가한다. 인간이 풀지 못했던 과학적 난제를 해결하고, 새로운 예술을 창조하며, 기술 그 자체를 스스로 혁신해 나갈 수 있다. 초지능 AI는 아직 현실화되지 않았고, 그 존재 가능성에 대한 논의도 활발히 이어지고 있다. 일부 전문가는 이 단계에 이르면 인간이 AI를 통제하기 어려워질 수 있으며, 윤리적/사회적 대비가 반드시 선행되어야 한다고 강조한다.

더 먼 미래에는 AI들이 개별적으로 존재하는 것이 아니라 서로 연결되고 협력하는 형태로 발전할 가능성도 거론된다. 이를 '집단 AI Collective AI' 또는 'AI 생태계'라 부르기도 한다. 이 개념은 수많은 AI가 네트워크를 통해 데이터를 공유하고 판단을 협의하며, 하나의 유기적인 시스템처럼 움직인다는 상상을 기반으로 한다. 도시 전체를 실시간으로 조율하는 교통 AI, 병원의 진료 AI와 연동된 공공 보건 시스템, 기후 변화를 예측하고 대응하는 환경 AI 등이 서로 긴밀하게 협력하게 된다면 인간 사회는 전례 없는 효율성과 안정성을 누릴 수 있을 것이다.

이처럼 AI 기술의 발전은 눈부시지만 그만큼 고려해야 할 요소도 많다. 우선 AI가 더 발전하려면 방대한 양의 데이터와 이를 처리할 수 있는 연산 능력이 필수적이다. 이를 뒷받침하기 위해 고성능 반도체와 클라우드 인프라, 심지어는 양자 컴퓨팅까지 등장하고 있다. 또한 AI가 신뢰를 얻기 위해서는 기술 자체뿐 아니라 윤리와 법적 규제도 함께 발전해야 한다. 잘못된 데이터로 학습된 AI가 편견을 강화하거나 의도치 않은 결과를 낳을 수 있기 때문이다.

무엇보다 중요한 것은 인간의 역할이다. AI가 아무리 똑똑해지더라도 그 기술을 어떻게 설계하고 사용할지는 결국 인간의 선택에 달려 있다.

AI 시대에는 단순 지식보다 창의성과 비판적 사고, 윤리의식이 더욱 중요해질 것이다. AI는 분명히 인류의 삶을 크게 바꿀 것이다. 그것이 더 나은 세상을 만드는 열쇠가 될지, 아니면 감당하지 못할 혼란이 될지는 아직 확정되지 않았다. 중요한 것은 AI를 어떻게 바라보고 어떻게 준비하느냐에 달려 있다. 기술은 도구일 뿐이다. 그 도구를 어떤 목적에 쓰는지는 언제나 인간의 몫이다.

디지털 AI 시대를 살아가는 지혜

세상이 변화를 향해 달려갈 때 과거를 고집하면 홀로 문명의 원시인이 될 수밖에 없다. 지금은 디지털 혁명, AI 시대다. 여기에는 '디지털 월드Digital world'라는 또 하나의 다른 세상이 있다. 이 세상으로 가려면 '디지털 월드행 열차' 티켓이 있어야만 갈 수 있다. 특히 시니어분들에게는 마지막 열차일지도 모른다. 이번에 탑승하지 못하면 영원히 그 세상에 갈 수 없다.

우리나라 문맹률은 세계 최저 수준이지만 디지털 관련 실질 문맹률은 높다. 국제개발 협력기구 OECD 지표에 따르면 시니어의 디지털 실질 문맹률은 75%인 하위권으로 조사되었다. '디지털 리터러시 Digital literacy'는 디지털 문해력으로 디지털 시대에 필수적으로 요구되는 정보 이해와 표현 능력이자 디지털 기기를 활용하여 원하는 작업을 실행하고 필요한 정보를 얻을 수 있는 지식과 능력을 말한다.

최근 연구에 따르면 디지털 리터러시는 단순한 기술 활용 능력을 넘어 인지적, 정서적, 사회적 측면에서 개인 삶의 질에 직접적인 영향을 미친다. 65세 이상 인구를 대상으로 한 3년간의 종단연구 결과, 디지털 리터러시가 높은 노인들은 우울증 발병률이 낮고, 사회적 연결망이 더 넓으며, 인지 기능 저하 속도가 현저히 느린 것으로 나타났다. 특히 코로나19 팬데믹 이후 디지털 도구 활용 능력은 의료 정보 접근, 원격 건강관리, 사회적 고립 방지에 핵심적 역할을 하게 되었다.

디지털 혁명이 가속화되면서 젊은 사람들에 비해 디지털 역량이 낮은 고령층은 설 자리가 없다. 디지털 역량을 갖춘 시니어와 그렇지 않은 시니어는 삶의 질에서도 하늘과 땅 차이가 난다. 실제로 중소도시의 버스 터미널에 가보면 표 파는 직원이 사라졌고, 식당에 가도 키오스크로 음식을 주문해야 한다. '낫 놓고 기역 자도 모르는 게 아니라, 스마트폰 놓고 밥 굶는 시대'가 되었다. 우물쭈물하다가 디지털 월드행 열차를 놓치면 외딴섬에 갇힌 로빈슨 크루소 신세가 될지 모른다. 미래로 가는 열차는 지금 내 손 안에 있다.

사실 챗GPT는 나를 도와주는 도구로서 친구이자 똑똑한 비서임에 틀림없다. 앞으로는 인공지능을 다룰 줄 아는 자가 새로운 시대의 부를 쥐는 'AI 격차의 시대'가 성큼 다가오고 있다. 챗GPT에 대한 기우가 우려되고 비밀 유출이나 저작권 보호 등 여러 가지 문제가 대두되고 있지만 인간에게 선사한 프로메테우스의 불이 그랬듯 혁명적 기술의 양면성은 필연이다.

실제로 미국 컬럼비아대학교의 최근 연구2024에 따르면 AI 활용 능력은 60세 이상 인구에서 새로운 사회경제적 격차를 만들어내고 있다. AI를 효과적으로 활용하는 시니어는 정보 접근성 향상, 의사

결정 지원, 창의적 활동 증가 등의 혜택을 얻고 있는 반면, 그렇지 못한 집단은 기술 소외감과 함께 사회경제적 기회 상실을 경험하고 있다. 이러한 '디지털 노인 격차Digital elder divide'를 줄이기 위해서는 연령친화적 AI 인터페이스 개발과 함께 시니어 대상 AI 리터러시 교육이 시급하다는 결론이 제시되었다.

이제 챗GPT는 더 이상 공포의 대상이거나 기피 대상도 아니다. 디지털 세상에서 남에게 뒤지지 않는 길이 있다. 피하기보다 친한 친구처럼 관심을 가질 때 챗GPT가 더 친근하게 다가올 것이다.

책봇Book Robot의 등장과 책과 글쓰기

'한국디지털문인협회'는 디지털 시대에 맞는 문학의 발전을 추구하기 위해 2022년 5월에 창립되었다. 그 이후 다양한 활동을 벌이며 문학계의 주목을 받고 있다. 창립 기념으로 '디지털 혁명과 문학의 미래'라는 학술세미나가 열렸다. 그 자리에 연사로 나섰던 오태동 박사는 5년 내에 책을 써주는 로봇인 '책봇'이 나올 거라고 예견했다. 책봇이 글도 써주고 목차도 정해주며 표지나 삽화 그림도 그려주는 것은 물론이고 홍보 마케팅까지 해줄 것이라고 전했다.

당시 그 이야기를 들을 때는 먼 미래의 꿈 같은 이야기로만 들렸다. 그해 11월 오픈AI가 챗GPT를 출시하여 5일 만에 사용자 100만 명을 돌파하면서 세상을 놀라게 했다. 그로부터 3년이 지난 현재 구글은 'Gemini', 마이크로소프트는 'Copilot'와 같은 강력한 대항마를 앞세워 생성형 AI 시장을 장악해 나가고 있다. 국내에서도 네이버의 '클로바X'를 필두로 대기업들이 앞다투어 기술 개발에 뛰어들고 있다.

책봇은 인공지능 기술을 활용하여 책과 글쓰기를 지원하는 AI 어시스턴트를 의미한다. 단순히 텍스트를 생성하는 것을 넘어서 기획부터 집필, 편집, 출간까지 책 제작의 전 과정을 도와주는 종합적인 디지털 동반자이다. 챗GPT, Claude, Gemini 등의 생성형 AI가 등장하면서 이들이 책쓰기 전문 도구로 진화한 것이 바로 Book Robot의 개념이다. 기술의 힘을 빌려 인간의 창의성과 경험을 더욱 빛나게 만드는 것, 이것이 바로 책봇이 가져온 진정한 글쓰기 혁명의 핵심이다.

책봇으로 불리는 챗GPT는 인공지능 기반의 텍스트 생성 도구다. 창의적인 아이디어를 제공하고 글쓰기 과정을 보조하며 글의 초안까지 작성해 준다. 컴맹, 폰맹인 시니어도 챗GPT에게 아이디어를 주고 프롬프트에 질문하며 이야기를 나누면 챗GPT는 여러분의 생각을 정리하여 글을 써 내려가도록 도와준다. 바로 똑똑한 비서이자 반려자 역할을 해준다.

책봇의 등장은 단순한 기술적 진보가 아니라 글쓰기와 출판 생태계 전체의 민주화를 의미한다. 이제 누구든 어떤 배경을 가지고 있든, 자신만의 이야기를 책으로 엮어낼 수 있는 시대가 되었다. 특히 그동안 글쓰기의 문턱 앞에서 주저했던 시니어 세대에게는 평생의 지혜와 경험을 후세에 전할 수 있는 새로운 기회가 열렸다.

펜실베이니아대학교의 연구에 따르면 전 세계 출판 시장의 약 18%가 이미 AI 생성 콘텐츠를 활용하고 있으며 이 비율은 2025년까지 35%로 증가할 것으로 예측된다. 특히 교육 자료, 기술 매뉴얼, 마케팅 콘텐츠 분야에서는 AI 활용률이 이미 50%를 넘어섰다.

이러한 기술의 발전은 단순히 글쓰기 도구가 편리해졌다는 수준을 넘어 글을 쓰는 방식 자체를 변화시키고 있다. 과거에는 머릿속에 있는 생각을 글로 표현하는 것이 어려운 사람들에게 글쓰기는 고통이었지만 이제는 챗GPT가 그 짐을 함께 나누고 있다. 작가의 아이디어를 정리해 주고 글의 구조를 잡아주며 초안을 빠르게 만들어주는 등 창작의 부담을 줄여준다.

책봇은 GPT 기반의 기술을 활용해 실제로 책을 집필하거나 공동 집필하는 데 사용되는 프로그램으로, 인간 작가와 협업하거나 혼자서도 어린이 동화, 자기계발서, 여행 에세이 등을 작성할 수 있다. 책봇은 글의 구조를 이해하고, 주제를 따라가며, 문장 스타일도 조절할 수 있어 출판사나 작가들 사이에서 빠르게 인기를 끌고 있다.

마치 AI가 조수처럼 작가 옆에서 함께 써 내려가는 형태다. 이런 협업은 창작에 대한 접근성을 높이고, 누구나 작가가 될 수 있는 시대를 열고 있다. 누구나 쓰고 누구나 나눌 수 있는 호모 스크립투스 Homo scriptus 시대다. 챗GPT가 그 문을 연 주인공이다. 그러나 완벽한 글을 대신 써주는 도구가 아닌, 각자의 소중한 이야기를 세상에 더 효과적으로 전달할 수 있도록 돕는 협력자이다.

챗GPT 시대의 문학적 글쓰기

"전기가 들어와 있는데 호롱불을 쓰겠다고 우기는 우를 범하지 않는 게 좋다." 한국디지털문인협회와 한림대학교 도헌학술원이 공동 주최한 제4회 학술 심포지엄이 2025년 6월 13일 서울 강남 오유아트홀에서 성황리에 개최되었다. '생성형 AI 기술의 현황과 인문학적 글쓰기'를 주제로 한 이번 심포지엄에는 150여 명의 문학인이 참석하여 어떻게 글쓰기에 AI를 활용할 것인지에 관해 뜨거운 관심을 보였다. 그 자리에서 나온 한 발표자의 말은 챗GPT 시대 문학적 글쓰기의 현주소를 단적으로 보여준다.

기조발표자로 나선 박섭형 한림대 대학원장은 챗GPT의 작동 원리를 설명하며 흥미로운 지적을 했다. "AI는 확률적 계산으로 평균적인 답변을 제공할 뿐, 창작자들이 고심 끝에 찾아내는 독창적 표현은 생성하기 어렵다"라는 것이다. 이는 문학적 글쓰기에 있어 희망적인 메시지다. AI가 아무리 발전해도 인간 창작자의 고유한 영역이 여전히 존재한다는 뜻이기 때문이다.

그러나 안심할 수만은 없다. 노승욱 교수가 제시한 '호모 스크립투스' 개념은 우리에게 경종을 울린다. 그는 매일 아침 챗GPT와 대화하며 하루를 시작한다고 고백하면서 점차 AI의 답변에 자신이 맞춰지고 있다는 것을 발견했다고 털어놨다. 이는 단순한 개인적 경험이 아니라 AI 시대 글쓰기의 본질적 딜레마를 보여준다.

문제는 AI가 제공하는 '즉각적 답변으로서의 문장'이다. 인간이 글을 쓸 때는 고민하고 성찰하며 때로는 삼천포로 빠지기도 하는 복잡한 사고 과정을 거친다. 이 과정 자체가 창작의 핵심이다. 하지만 AI는 이런 과정 없이 완성된 답변을 제공한다. 여기서 우리는 사고의 과정을 복기할 시간적 여유를 잃게 되고 결국 주도권을 AI에게 넘겨줄 위험에 처한다.

이미 대학에서는 변화가 감지되고 있다. 학생들이 AI를 활용해 제출하는 과제들이 B+ 정도의 학점을 받을 수준에 이르렀다는 것이다. 이는 노력하지 않으면 일반인이 AI보다 못한 글을 쓰게 될 수도 있다는 경고다.

그렇다면 우리는 어떻게 대응해야 할까? 목광수 서울시립대 교수는 명확한 방향을 제시한다. 잘못된 사용은 '전적 의존'이고, 올바른 사용은 '성숙한 전문가로서의 협업'이라는 것이다. 이미 전문성을 갖추고 삶의 성숙도를 가진 사람이 AI를 조력자로 활용할 때 효과적이라는 지적이다.

인간다움을 '사고와 감정의 조화'와 '공감하는 존재'로 정의한 그의 말은 특히 인상적이다. AI도 사고할 수 있지만 인간의 사고는 자기 반성과 가치 지향을 포함한다. 인간은 자신이 쓰는 글에 대해 알고 있다. 하나의 단어를 선택하기 위해 지우고 쓰기를 반복하며 그것이 사회와 타자에게 미칠 영향을 고려한다. 이것이 바로 문학적 글쓰기의 핵심이다.

일본에서 가장 권위 있는 문학상 중 하나로 꼽히는 '아쿠타가와상 芥川賞' 수상작의 5%가 생성형 인공지능AI이 만든 문장으로 구성되어 논란이 된 일이 있다. 2024년 제170회 수상작을 받은 일본 작가가 수상한 직후 소감 발표에서 "챗GPT의 도움을 받아 글을 썼다"라고 말했기 때문이다. 작가 쿠단 리에九段 理江가 소설 『도쿄 동정 타워』로 일본 최고의 문학상 중 하나인 아쿠타가와상을 수상했다. 이 사건은 문학계에 큰 파장을 일으켰지만 사실 훨씬 광범위한 변화의 신호탄에 불과하다.

  AI 시대의 문학적 글쓰기는 기술을 거부하는 것이 아니라 기술과 인간성의 균형점을 찾는 것이다. AI를 '고급 비서'로 여기며 협업하되 인간의 주체성과 창의성은 결코 포기하지 않는 것. 이것이 우리가 추구해야 할 새로운 문학적 글쓰기의 방향이다.

2
챗GPT로 책과 글을 쓰는 놀라운 효과

우리는 지금 정말 특별한 시대를 살고 있다. 디지털 기술이 발달하면서 특히 챗GPT 같은 AI의 등장으로 글쓰기의 세상이 완전히 바뀌고 있다. 예전에는 글을 잘 쓰는 것이 어려운 일이었다. 전문작가나 기자처럼 특별한 역량을 가진 사람들만 멋진 글을 쓸 수 있었다. 하지만 이제는 누구나 쉽게 글을 쓰고 많은 사람과 나눌 수 있게 되었다.

1) 글쓰기의 자동화와 개인화

예전에 글을 쓸 때를 생각해 보자. 빈 종이 앞에 앉아서 "뭘 써야 하지?" 하며 고민하던 시간이 있었을 것이다. 첫 문장부터 막막했고 문장과 문장을 이어가는 것도 어려웠다. 하지만 이제는 AI가 이런 어려움을 많이 덜어준다. AI에게 "환경보호에 대한 글을 써달라"라고 말하면 순식간에 잘 짜인 글을 만들어준다. 단순히 문장만 나열하는 것이 아니라 앞뒤 문맥도 맞춰주고 논리적인 흐름도 만들어준다.

더 놀라운 것은 최신 AI 시스템들이 각 사람의 글쓰기 스타일까지 학습할 수 있다는 점이다. 예를 들어 평소 쓴 글들을 AI에게 보여주면 AI가 각자만의 독특한 말투나 문체를 기억해서 그와 비슷하게 글을 써줄 수 있다. 마치 각자의 '디지털 분신'이 대신 초안을 써주는 것 같은 경험을 할 수 있다.

2) 아이디어 발굴과 창의성 확장

'AI가 발달하면 인간의 창의성이 사라지지 않을까?'라는 걱정을 하는 사람들이 많다. 하지만 실제로는 그 반대의 일이 일어나고 있다. AI가 오히려 창의성을 더욱 끌어올려 주고 있다. 글을 쓰다 보면 아이디어가 막히는 순간들이 있다. "다음엔 뭘 써야 하지?", "어떤 소재로 이야기를 풀어갈까?" 이런 고민들 말이다.

AI는 예상치 못한 방향으로의 사고 확장을 도울 수 있으며 때로는 작가가 생각하지 못한 새로운 시각이나 아이디어를 제공함으로써 창의적인 글쓰기에 영감을 줄 수 있다. 예를 들어 "카페에서 일어나는 로맨스 소설을 쓰고 싶다"라고 하면 AI가 수십 가지 독창적인 아이디어를 제안해 준다. '시각장애인 바리스타와 향수를 만드는 고객의 만남', '타임슬립으로 과거의 연인을 만나는 카페' 등 혼자서는 생각하기 어려웠을 참신한 아이디어들을 쏟아낸다.

3) 정보 수집과 분석의 효율화

책을 쓰는 과정에서 자료를 수집하고 분석하는 일은 매우 중요하다. 이때 챗GPT를 활용하면 주제와 관련된 자료를 검색하고 요약하며 분석하는 작업을 자동으로 수행해 줄 수 있다. AI는 방대한 정보와 데이터에 기반한 학습을 통해 다양한 주제에 관해 깊이 있는 배경 지식을 갖고 있다.

  정보 수집 단계에서 AI는 역사적 사건, 과학적 개념, 문화적 트렌드 등에 대한 기본 정보를 신속하게 제공할 수 있다. 시니어 작가는 이를 통해 도서관 방문이나 복잡한 온라인 검색 없이도 필요한 배경 정보를 얻을 수 있다.

4) 글쓰기 품질과 정확성 향상

  글 쓸 때 스트레스를 받는 부분 중 하나가 바로 맞춤법이나 문법 실수였을 것이다. AI는 이런 걱정을 말끔히 해결해 준다. 단순히 맞춤법이나 문법만 고쳐주는 것이 아니라 문장 전체의 흐름을 보면서 더 자연스럽고 읽기 좋게 만들어준다.

  AI는 전체 문서에서 스타일과 톤이 일관되게 유지되도록 지원하며 필요한 부분에 추가적인 정보를 제공하는 제안을 할 수도 있다. 특히 시니어 작가가 자신의 글을 수정하는 과정에서 AI는 귀중한 '두 번째 눈Second pair of eyes'의 역할을 한다. 한 연구에 따르면 AI 편집 도구를 사용한 시니어 작가의 글은 독자에게 25% 더 명확하고 이해하기 쉬운 것으로 평가받았다.

5) 접근성과 생산성 향상

  컴맹, 폰맹이라도 굳이 타이핑을 하지 않고 말로 하여 글을 쓰고 입력해서 문자화할 수 있다. 이는 신체적 제약이 있는 시니어에게 특별히 중요한 기능이다. 타이핑이 어려운 분들도 이제는 말로만 글을 쓸 수도 있다. AI가 음성을 듣고 자동으로 문자로 바꿔주고 심지어 말하는 내용을 더 자연스러운 글로 다듬어 주기까지 한다.

예전에는 한 편의 수필이나 칼럼 같은 짧은 글을 완성하는 데 정말 오랜 시간이 걸렸다. 자료 조사부터 시작해서 개요나 초안 작성, 수정 과정 등 며칠 때로는 몇 주가 걸리기도 했다. 하지만 AI의 도움을 받으면 이런 과정이 매우 빨라진다.

6) 경제적 부담 감소

책을 출간하거나 전문적인 글을 쓰려면 예전에는 예상외로 많은 비용이 들었다. 대필 작가를 고용하거나, 전문 편집자의 도움을 받거나, 교정 서비스를 이용하는 데 수백만 원에서 수천만 원까지 들어가기도 했다. 하지만 AI의 등장으로 이런 비용 부담이 크게 줄어들었다.

출판 산업 분석에 따르면 AI 지원 저술 과정으로 전문 편집자, 교정자, 조사자 고용 비용을 평균 45~60% 절감할 수 있다고 한다. 특히 자서전이나 회고록 같은 개인적인 저작물의 경우 예전에는 대필 작가를 고용하면 보통 1권당 1천만 원 이상의 비용이 들었다. 이제는 AI의 도움을 받아서 거의 비용을 들이지 않고도 비슷한 품질의 결과물을 만들 수 있게 되었다.

7) 멀티모달 콘텐츠 제작

요즘의 AI는 만능 도구가 되어가고 있다. 단순히 글만 써주는 것이 아니라 그림도 그려주고 음성도 만들어주고 심지어 동영상도 제작해 준다. 최신 모델들은 정말 놀라운 능력을 보여준다. 예를 들어 "책에 들어갈 삽화를 그려달라"라고 하면 글의 내용에 맞는 멋진 그림을 그려준다.

오디오북을 만들고 싶다면 AI가 목소리와 비슷한 톤으로 내레이션을 해줄 수도 있다. 이런 기능들 덕분에 시니어도 복잡한 기술적 지식 없이 멀티미디어 콘텐츠를 손쉽게 만들 수 있게 되었다. 손자, 손녀들에게 들려주고 싶은 이야기를 글로만 쓰는 것이 아니라 예쁜 그림과 함께 할머니, 할아버지의 목소리로 녹음된 오디오북으로도 만들어줄 수 있다.

8) 자신감과 성취감 증대

많은 시니어가 디지털 기술에 대한 두려움을 가지고 있다. 하지만 챗GPT를 활용하여 책이나 글을 완성함으로써 디지털 기술을 습득하고 활용했다는 자신감과 성취감을 얻을 수 있다. 디지털 자신감 Digital confidence의 향상은 단순히 기술 사용에 그치지 않고 시니어의 전반적인 자기 효능감과 독립성을 높인다.

특히 출판의 경우 AI 도구는 전통적인 출판 경로에 접근하기 어려웠던 시니어 작가에게 셀프 퍼블리싱self-publishing의 길을 열어주었다. 책 형식 지정, 표지 디자인, 목차 생성, 색인 작성 등 출판의 기술적 측면을 AI가 지원함으로써 시니어 작가는 자신의 저작물을 전문적인 품질로 완성할 수 있게 되었다.

9) 출판 과정의 혁신적 변화

2020년 벽두를 강타한 코로나19 사태로 많은 회사가 재택근무를 선택했다. 이미 많은 회사가 '스마트워킹'을 통해 출퇴근을 중요하게 생각지 않으며, 심지어 직원들의 지정석조차 없는 디지털 워크플레이스Digital workplace 근무환경을 제공하면서도 높은 생산성을 유지하고 있다. 요즘에는 호텔이나 휴양지에서 여행을 즐기면서 일을 하는 워케이션Workation이 유행하고 있다. 이제 직원들이 일을 어떻게 하고 있는지 시스템을 통해서 상세하게 파악할 수 있기 때문에 자율권을 과감하게 줄 수 있어 직원들의 업무 몰입도는 크게 향상될 수 있다.

출판사 업무는 재택근무를 통한 스마트워킹이 가장 잘 어울리는 업무다. 어디서 작업을 하거나 원고교정, 교열, 디자인 작업 등은 실시간으로 확인이 되는 업무이기 때문이다. 구글 드라이브에서 공유 시스템을 통해 공동작업을 하다 보면 누가 작업장에 들어와서 무슨 작업을 하고 있는지가 한눈에 다 보이기 때문에 게으름을 부릴 수가 없다.

오히려 출퇴근 시간을 줄일 수 있어 상대적으로 피로감을 덜 수 있고 일의 능률은 배가 된다고 한다. 비싼 돈을 들이지 않고 스마트폰이나 AI 기기를 활용해서 단기간 내에 스마트워킹을 가능하게 함으로써 재택근무, 유연근무 등을 즉시 시행할 수 있어 직원들의 업무 몰입도 향상과 함께 사무생산성을 더욱 향상할 수 있는 것이다.

더구나 AI 그리고 챗GPT 출현으로 출판계에 불어오는 디지털화 바람이 큰 영향을 미치고 있다. 이러한 기술들은 출판 산업의 디지털화를 가속화하고 있으며 다음과 같은 변화를 일으키고 있다. AI 기술은 출판 산업의 진입 장벽을 크게 낮추었다. 전통적으로 출판사와 계약을 맺기 위해서는 에이전트를 통한 제안서 제출, 여러 차례의 편집 과정, 마케팅 계획 수립 등 복잡한 절차가 필요했다. 그러나 AI는 이 모든 과정을 간소화하고 접근 가능성을 편리하게 만들었다.

맞춤형 출판의 대표적인 예로는 POD_{Print on Demand} 출판이 있다. 독자가 원하는 내용과 디자인으로 책을 주문하면 출판사가 이를 인쇄하여 제공하는 방식이다. 국내에서도 교보문고 등 몇몇 출판사가 있다. 작가가 쓴 글을 PDF 파일로 변환하여 업로드하면 이를 책으로 출판해 주는 서비스를 제공한다.

특히 디지털 마케팅에 익숙하지 않은 시니어 작가에게 AI는 소셜 미디어 포스팅, 블로그 게시물, 이메일 뉴스레터 등 다양한 홍보 콘텐츠를 생성하는 데 도움을 준다. 최근 조사에 따르면 65세 이상 신규 저자의 수는 2020년부터 2024년 사이에 128% 증가했다. 이 중 상당수가 AI 도구를 활용한 셀프 퍼블리싱 방식을 택했다.

이렇게 AI 기술의 발달로 글쓰기의 모든 영역에서 혁신적인 변화가 일어나고 있다. 어려웠던 글쓰기가 쉬워졌고 비쌌던 출판이 저렴해졌으며 제한적이었던 창작 활동이 자유로워졌다.

3
시니어가 챗GPT로
책과 글을 쓰면 좋은 이유

단순한 AI 도구를 넘어서 챗GPT는 특히 시니어에게는 평생의 경험과 지혜를 세상에 전하는 든든한 파트너가 되어준다. 마치 옆에 앉아 함께 이야기를 나누며 글을 다듬어가는 동반자와 같은 역할을 한다. 무엇보다 시니어가 가진 가장 큰 자산인 인생 경험과 축적된 지혜를 현대적인 방식으로 표현하고 공유할 수 있게 도와주는 혁신적인 도구라고 할 수 있다. 머릿속에는 수십 년간 쌓아온 귀중한 이야기가 가득하지만 막상 글로 옮기려니 어디서부터 시작해야 할지 막막한 경우가 많다. 챗GPT는 바로 이런 순간에 빛을 발한다.

1) 기술적 장벽 완화

시니어는 컴맹이나 폰맹일 경우가 많다. 백만 원짜리 스마트폰을 겨우 3만 원짜리 전화기 정도로만 사용하는 셈이다. 복잡한 메뉴 구조나 작은 글씨, 빠르게 변화하는 인터페이스 때문에 디지털 기기 사용을 포기하는 경우가 부지기수다. 하지만 챗GPT는 사용이 쉽고 직관적인 인터페이스를 제공하여 기술에 익숙하지 않은 시니어도 쉽게 활용할 수 있다.

특히 음성 인식 기능을 갖춘 모델은 키보드 입력 없이도 자연스러운 대화 방식으로 콘텐츠를 생성할 수 있어 디지털 진입장벽을 크게 낮춘다. 마치 오래된 친구와 대화하듯 "오늘 손자에게 편지를 쓰고 싶은데 어떻게 시작하면 좋을까?"라고 말만 하면 된다. 복잡한 설정이나 특별한 기술 지식이 필요하지 않으며 실수를 해도 언제든 다시 시작할 수 있다는 점이 시니어에게는 큰 안심이 된다.

2) 신체적 제약 극복

나이가 들면서 자연스럽게 찾아오는 신체적 변화들이 글쓰기의 걸림돌이 되는 경우가 많다. 굳이 타이핑을 하지 않고 말로 하여 글을 쓰고 입력해서 문자화할 수 있다는 것은 혁명적인 변화다. 손떨림이 있거나 장시간 타이핑이 어려운 시니어도 음성 인식 기능을 통해 쉽게 글을 작성할 수 있다. 관절염으로 인한 손목과 손가락의 통증, 시력 저하로 인한 작은 키보드 인식의 어려움, 또는 파킨슨병과 같은 질환으로 인한 세밀한 동작의 제한 등이 더는 글쓰기의 장애물이 되지 않는다.

초고령 사회에 접어든 일본의 실버케어 연구소가 진행한 연구에서는 관절염이나 파킨슨병 등으로 키보드 사용에 어려움을 겪는 시니어의 80%가 AI 음성 인식 도구를 통해 디지털 글쓰기에 성공적으로 참여할 수 있었다. 특히 한국어 음성 인식의 정확도는 최근 95% 이상으로 향상되어 방언이나 발음 차이에 상관없이 정확한 텍스트 변환이 가능해졌다. 한 연구 참여자는 "40년 동안 일기를 써왔는데 손목이 아파서 포기할 뻔했다. 이제는 말로 하니까 오히려 예전보다 더 많은 이야기를 기록할 수 있게 됐다"라고 소감을 밝혔다. 이처럼 신체적 한계를 기술로 극복함으로써 시니어는 자신의 이야기를 계속해서 기록하고 공유할 수 있는 기회를 얻게 된다.

3) 지식 확장과 자신감 향상

AI는 작가가 관심 있는 주제에 관한 최신 연구, 통계, 트렌드를 신속하게 제공하여 콘텐츠의 신뢰성과 관련성을 높인다. 예를 들어 1960년대 농촌 생활에 대한 회고록을 쓰고 있는 시니어가 "당시의 농업 기술과 현재의 스마트팜을 비교해서 설명하고 싶다"라고 하면 챗GPT는 최신 농업 기술 동향부터 구체적인 통계자료까지 종합적으로 제공해 준다. 특히 급변하는 분야기술, 의학, 환경 등에 대해 글을 쓸 때 시니어 작가는 AI를 통해 최신 정보에 접근함으로써 지식 격차를 효과적으로 메울 수 있다. 이는 단순히 정보 습득을 넘어서 시니어의 지적 호기심을 자극하고 평생학습의 기회를 제공하며 글쓰기에 대한 자신감을 크게 향상하는 역할을 한다.

4) 삶의 경험 기록

시니어는 풍부한 인생 경험을 가지고 있다. 전쟁, 산업화, 민주화, 정보화 등 격동의 시대를 직접 겪으며 쌓아온 경험들은 그 자체로 귀중한 역사적 자료이자 후세에 전해줄 소중한 유산이다. 챗GPT는 이러한 경험을 체계적으로 정리하고 문서화하는 데 도움을 준다. 자서전, 회고록, 가족사 등을 작성할 때 구조화된 질문과 안내를 제공한다.

회고록 쓰기 전문가 데이비드 파커David Parker는 "AI는 시니어들의 기억을 끌어내는 최고의 인터뷰어 역할을 한다"라고 설명한다. AI는 사용자의 이전 답변을 기억하고 관련 질문을 생성하여 더 깊은 회상을 촉진하며 파편화된 기억들을 일관된 흐름으로 연결하는 데 탁월하다. 예를 들어 '1970년대 새마을운동 시절의 경험'에 대해 이야기하면 챗GPT는 "그 당시 마을 사람들의 반응은 어땠나요?", "가장 인상 깊었던 변화는 무엇이었나요?", "현재와 비교해 볼 때 어떤 차이점을 느끼시나요?" 등의 후속 질문을 통해 더욱 풍부하고 입체적인 이야기를 끌어낸다. 또한 디지털 저장소의 역할도 하여 미래 세대를 위한 개인 역사 보존에도 기여한다.

5) 세대 간 소통 증진

디지털 도구를 활용함으로써 젊은 세대와의 소통이 증가하고 디지털 문화에 참여할 수 있다. 자신의 지혜와 경험을 현대적인 방식으로 공유할 수 있게 된다. 특히 어린 손자들과의 거리감을 줄이는 데 도움이 된다. 젊은 세대는 블로그, SNS, 유튜브 등 디지털 플랫폼을 통해 정보를 습득하고 소통하는 것이 자연스럽다. 시니어가 이러한 플랫폼에서 활동할 수 있도록 챗GPT가 도와주면 세대 간의 소통 채널이 크게 확장된다.

캘리포니아대학교 샌디에이고 캠퍼스UCSD의 세대 간 소통 연구에 따르면 디지털 스토리텔링 프로젝트에 참여한 조부모-손자 사이에 정서적 유대감과 상호 이해도가 크게 향상되었다. 시니어들이 AI 도구를 활용해 자신의 이야기를 디지털 형식 팟캐스트, 블로그, 디지털 책으로 변환할 경우 젊은 세대의 접근성과 관심도가 증가한다. 챗GPT는 젊은 세대의 언어와 문화를 이해할 수 있도록 도와주어 시니어가 젊은이와 더 자연스럽게 소통할 수 있는 다리 역할을 한다.

6) 인지 건강과 정신적 웰빙 증진

신경과학 연구에 따르면 글쓰기와 새로운 기술 학습은 모두 인지 기능을 유지하고 치매 위험을 줄이는 데 효과적인 활동이다. 이 두 가지를 결합하는 AI 글쓰기는 뇌를 자극하는 이중 효과를 제공한다. 글쓰기 자체가 창의적 사고, 기억력, 언어 능력을 종합적으로 활용하는 복합적인 활동이다. 여기에 새로운 기술인 AI와의 상호작용이 더해지면서 뇌의 다양한 영역이 동시에 활성화된다.

하버드 의과대학의 노화 연구에서는 지속적인 글쓰기 활동이 시니어의 기억력, 주의력, 실행 기능을 향상하는 것으로 나타났다. 특히 AI와의 상호작용은 문제 해결 능력과 적응적 사고를 추가로 자극한다. 챗GPT와 대화하면서 글을 쓰는 과정은 끊임없는 질문과 답변, 수정과 보완의 연속이다. 이는 뇌의 신경 가소성을 높이는 데 매우 효과적이다.

7) 자기표현과 유산 남기기

많은 시니어에게 글쓰기는 단순한 취미를 넘어 자신의 지혜와 경험을 미래 세대에게 전달하는 방법이다. 평생을 살아오면서 겪은 성공과 실패, 기쁨과 슬픔, 깨달음과 후회 등은 모두 소중한 인생의 교훈이며, 이를 글로 남겨두는 것은 가족과 사회에 남기는 귀중한 유산이 된다. AI는 이 과정을 더욱 접근 가능하고 체계적으로 만들어준다. 전통적인 출판 경로를 통하지 않고도 전문적 품질의 책을 제작할 수 있게 되었다.

챗GPT를 활용해 성공적으로 글쓰기를 완성한 시니어의 사례는 날로 늘어나고 있다. 75세 박 모 할머니는 한국전쟁을 겪은 경험을 바탕으로 『챗GPT와 함께 쓴 격동의 세월』이라는 회고록을 완성했다. "처음에는 컴퓨터가 무서웠는데, 챗GPT는 마치 손자와 대화하는 것처럼 편했다"라며 "3개월 만에 300페이지 분량의 책을 완성할 수 있었다"라고 소감을 밝혔다.

시니어가 가진 가장 큰 자산은 바로 살아온 경험 그 자체다. 격동의 현대사를 온몸으로 겪어내며 쌓아온 지혜와 통찰력은 어떤 젊은 작가도 따라할 수 없는 독특한 가치를 지닌다. 챗GPT는 이러한 소중한 자산을 현대적 방식으로 표현하고 공유할 수 있게 도와주는 혁신적인 도구다. 기술에 대한 두려움보다는 새로운 가능성에 대한 기대감을 갖고 접근한다면, 분명히 만족스러운 결과를 얻을 수 있을 것이다.

> TIP

디지털책쓰기코칭협회

　새로운 것에 도전하는 액티브 시니어는 아름답다! 대한민국이 초고속으로 초고령 사회로 진입하면서 2024년 65세 이상 인구가 1,000만 명을 돌파했다. 고도성장기의 주역이었던 시니어들은 자신의 소중한 경험과 노하우를 후세에 남기고 싶어한다. 그중 하나가 바로 자서전이나 에세이 같은 책을 쓰는 것이다.

　하지만 현실은 녹록지 않다. 책을 쓰고 싶은 마음은 간절하지만 경험이 없고 컴맹, 폰맹인 경우가 많기 때문에 아예 도전하지 못하거나 비싼 돈을 주고 대필에 의존하는 경우가 대부분이다. 기존 방식으로 책을 출간하려면 최소 1,000만 원에서 대필의 경우 많게는 5,000만 원까지의 비용이 들어가며 긴 시간과 복잡한 과정을 거쳐야 한다.

　디지털책쓰기코칭협회는 바로 이런 문제를 해결하기 위해 탄생했다. 소설가, 수필가를 비롯한 책을 다수 출간 경험이 있는 작가, 디자이너 같은 전문가와 출판사 대표 등 50여 명으로 출범한 협회는 혁신적인 방법을 제시한다. 바로 스마트폰 하나만 있으면 누구나 쉽게 책을 쓸 수 있도록 돕는 것이다.

　특히 최근 GPT와 같은 인공지능 기술의 등장으로 책쓰기는 한층 더 혁신적으로 변화했다. 이제 폰맹이나 컴맹인 시니어분들도 걱정할 필요가 없다. GPT에게 대화하듯 말만 하면 글의 구성을 도와주고, 어려운 표현을 쉽게 바꿔주며 심지어 목차 구성부터 제목 정하기까지 친절하게 안내해 준다. 24시간 언제든 옆에서 도와주는 개인 비서가 생긴 셈이다. 이런 방법을 활용하면 기존 비용과 시간을 3분의 1로 줄일 수 있다.

'디지털책쓰기코칭협회'는 개인의 수준에 맞는 맞춤형 코칭을 제공한다. 이미 원고가 어느 정도 준비된 분들에게는 3개월 과정을, 처음부터 시작하는 분들에게는 12개월 원스톱 서비스를 제공한다. 또한 여러 명이 함께 배우는 집단 코칭과, 스마트폰과 AI 활용법을 집중적으로 배우는 교육 과정도 운영한다.

4
생성형 AI 5총사를 활용한 책과 글쓰기

생성형 AI 5총사의 특징과 책과 글쓰기 활용

현재 세계 시장을 주도하는 주요 AI 모델 중에 책과 글쓰기에 많이 사용되는 생성형 AI 5총사는 챗GPT, Gemini, Copilot, 클로바X, Claude 등 5개로 압축할 수 있다. 각각은 서로 경쟁하면서 책과 글쓰기는 물론이고 출판계에 혁신적인 변화를 일으키고 있다.

5총사는 각기 책과 글을 쓰는 데 장단점을 가지고 있으므로 강점 중심으로 활용하는 것이 좋다. 즉, 한 가지 질문에 대해서 마음에 들지 않을 경우 다른 AI를 번갈아 사용해 답을 구한 뒤 원하는 것을 취사선택하면 된다. 그 강점을 중심으로 소개하면 다음과 같다.

1) OpenAI 챗GPT - 창작과 아이디어의 최강자

발전 현황과 기술적 진보

2015년 OpenAI가 설립된 후 2022년 11월 30일 챗GPT를 공개

하여 세상을 놀라게 했고, 1주일 만에 사용자 100만을 돌파한 기록을 가지고 있다. 100만 돌파는 넷플릭스가 3.5년, 트위터가 2년, 페이스북이 10개월, 인스타그램이 2.5개월 걸린 것과 비교하면 압도적인 속도였다.

2023년 GPT-4를 출시한 후 2025년 현재 챗GPT는 GPT-4o를 중심으로 한 대폭적인 업데이트를 진행했다.

GPT-4o는 이전 버전인 GPT-3.5보다 약 500배 더 큰 데이터 셋을 활용한 모델로, 텍스트를 넘어 이미지와 오디오, 비디오 등 다양한 입력 데이터를 동시에 처리한다. 또한 o1, o1-mini, o3-mini 등의 추론 모델과 함께 '더 많은 지능 사용Think' 버튼이 추가되어 복잡한 문제 해결 시 더 깊이 있는 응답을 받을 수 있게 되었다. 2025년 8월 7일 GPT-5가 공개되었다. 이는 오픈AI의 최신 인공지능 언어 모델로, 이전 GPT-4 시리즈와 o3 모델을 완전히 대체하여 사용자가 직접 모델을 고르지 않아도 질문의 난이도에 맞춰 빠른 응답과 깊은 추론을 자동으로 조절하는 기능이다.

성능은 한층 빨라지고 정확해졌다. 특히 환각현상이 코딩과 의학 등 전문 분야 테스트에서 GPT-4o 대비 오류율이 26%, o3 대비 65% 줄었으며, 긴 대화나 장문 문서 작업에서도 맥락을 잃지 않는다. 사용 편의성도 강화됐다. 대화 성향과 테마, 목소리 톤을 자유롭게 설정할 수 있고, 학습을 돕는 스터디 모드가 새로 추가됐다.

GPT-5는 범용 인공지능AGI에 한발 다가선 중요한 진전으로 평가되고 있다.

주요 특징과 글쓰기 활용법

창의적 글쓰기의 강력한 파트너

- 뛰어난 자연어 처리 능력으로 인간과 유사하게 자연스러운 대화가 가능하며 작가의 의도를 정확히 파악하여 창의적인 아이디어를 제공한다.
- 다양한 문체와 스타일의 글을 생성할 수 있어 소설, 에세이, 시나리오 등 창작 활동에 매우 유용하다.
- 2025년 3월부터 이미지 생성 기능이 추가되어 책의 표지나 삽화 제작도 가능해졌다. 특히 Studio Ghibli 스타일의 이미지가 인기를 끌었다.

논리적 구성과 체계적 글쓰기

- 논리적이고 체계적인 글이나 문장 생성에 탁월하여 학술 논문이나 비즈니스 문서 작성에 강점을 보인다.
- 아이디어 구상, 문장 교정, 번역 등 글쓰기 전반에 걸쳐 종합적인 도움을 제공한다.
- 복잡한 주제를 단계별로 분해하여 설명하는 능력이 뛰어나 교육용 콘텐츠 제작에 적합하다.

2) Google Gemini - 정보 분석과 멀티모달의 선구자

발전 현황과 혁신적 진보

Google에서 개발한 Gemini는 2021년 처음 공개된 이후 지속적인 발전을 거듭해 왔다. 2025년 2월 5일 Gemini 2.0 Flash가 정식 출시되었으며, Gemini 2.0 Pro와 Gemini 2.0 Flash-Lite도 함께

공개되었다. 또한 2025년 3월에는 Gemini 2.5가 출시되어 'Deep Think'라는 고급 추론 모드를 제공하기 시작했다.

Gemini 2.5 Pro는 수학과 과학 벤치마크에서 최고 수준의 성능을 기록했다. 특히 GPQA와 AIME 2025에서 뛰어난 결과를 보였다. 또한 인간 지식과 추론의 최전선을 평가하는 Humanity's Last Exam에서 18.8%라는 최고 점수를 달성했다.

Gemini 2.0의 가장 큰 특징은 에이전트 AI에 초점을 맞춘 멀티스테이지 대형 언어 모델 워크플로우다. 이전 버전과 달리 Gemini 2.0는 멀티모달 출력 기능으로 텍스트, 이미지, 오디오를 동시에 생성할 수 있다. Gemini 2.5 Flash는 효율성을 20~30% 개선하면서도 추론, 멀티모달, 코드, 긴 맥락 처리 등 핵심 벤치마크에서 향상된 성능을 보여준다.

주요 특징과 글쓰기 활용법

Google 생태계 기반의 강력한 정보 처리

- 구글의 대용량 데이터를 기반으로 하여 상대적으로 정확하고 최신의 정보를 제공한다.
- 100만 토큰의 컨텍스트 윈도우를 지원하여 매우 긴 문서도 한 번에 처리할 수 있어 장편 소설이나 연구 논문 작성에 유리하다.
- 구글 검색과의 통합으로 실시간 정보 검색과 요약 기능을 신속하게 제공한다.

멀티모달 콘텐츠 창작의 혁신

- 다양한 창의적인 텍스트 형식 생성이 가능하며시, 코드, 대본, 악곡 등 특히 멀티모달 기능으로 텍스트와 이미지, 오디오를 동시에 다룰 수 있어 풍부한 콘텐츠 제작이 가능하다.
- Deep Think 기능을 통해 복잡한 추론이 필요한 작업에서 단계별 사고 과정을 보여주며 수학과 과학 관련 글쓰기에 특히 강력하다.

고급 코딩과 웹 개발 지원

- Gemini 2.5 Pro는 코딩 성능에서 큰 도약을 이뤘다. 시각적으로 매력적인 웹 앱과 에이전트 코드 애플리케이션 제작이 가능하다. 한 줄의 프롬프트만으로도 실행 가능한 비디오 게임 코드를 생성할 수 있을 정도로 코딩 능력이 향상되었다.

3) Microsoft Copilot - 생산성과 업무 효율의 혁신

발전 현황과 생태계 통합

Microsoft Copilot은 AI 기반 코딩 도구로 시작하여 GitHub Copilot으로 출발한 후, Windows Copilot, Microsoft 365 Copilot 등으로 확장되면서 다양한 마이크로소프트 제품에 통합되었다. 2025년 8월 업데이트해서 챗GPT-5와 Claude 4.1 Sonnet을 지원하기 시작했으며, Copilot Vision 기능을 통해 이미지 처리가 가능해졌다.

Microsoft 365 Copilot에서는 Pages 기능이 추가되어 Copilot

응답을 지속적인 편집 가능한 페이지로 변환할 수 있으며, 팀과의 공유나 협업이 쉬워졌다. 또한 Excel에서 선택한 표를 기반으로 수식 열을 추가하고 데이터를 분석하는 기능도 강화되었다.

주요 특징과 글쓰기 활용법

Microsoft 생태계와의 완벽한 통합

- Windows, Office와 같은 마이크로소프트 제품과의 긴밀한 통합으로 Word, Excel, PowerPoint에서 자연스러운 AI 지원을 받을 수 있다.
- Word에서 Draft with Copilot 기능을 통해 이메일, 회의록, 파일 등을 참조하여 문서를 작성할 수 있으며, PowerPoint에서는 Auto-rewrite, Condense, Make professional 등의 텍스트 개선 기능을 제공한다.
- Teams에서는 Copilot Prompt Gallery 앱을 통해 팀원들과 효과적인 프롬프트를 공유할 수 있다.

실시간 정보와 업무 효율성

- 최신 정보를 웹에서 가져와 소스 링크가 포함된 최신 정보를 제공한다.
- Copilot Vision을 통한 이미지 생성과 처리 기능이 추가되어 JPEG/JPG, PNG, GIF, WEBP 형식의 이미지를 처리할 수 있다.
- 다양한 창의적인 텍스트 형식 생성 기능을 제공하며, 특히 비즈니스 문서 작성에 특화되어 있다.

개인화된 AI 비서 기능

2025년 4월 대규모 업데이트를 통해 Copilot은 '누구나의 코파일

럿'을 넘어 '당신만의 코파일럿'으로 진화했다. 사용자의 허락하에 대화 내용을 기억하고 개인의 취향, 관심사, 일상 패턴을 파악하여 맞춤형 조언과 지원을 제공한다. '메모리' 기능을 통해 생일이나 선호 음식 같은 정보를 기억하며 개인화된 제안을 한다.

4) Anthropic Claude - 안전성과 윤리적 글쓰기의 선도자

발전 현황과 안전성 중심의 철학

Anthropic Claude는 2021년 OpenAI의 전직 연구원들에 의해 설립된 AI 기술 기업인 Anthropic에서 개발한 생성형 AI다. OpenAI가 영리화되면서 의견 충돌로 퇴사한 연구진들이 설립한 만큼 공익기업을 표방하며 AI의 안전성과 윤리성을 최우선 가치로 둔다.

2025년 2월 24일 Claude 3.7 Sonnet이 출시되어 시장 최초의 하이브리드 AI 추론 모델이 되었다. 이 모델은 빠른 응답과 단계별 추론을 하나의 프레임워크에서 선택할 수 있게 해주며, 사용자가 모델이 문제에 관해 '생각'하는 시간을 조절할 수 있다. 또한 2025년 5월 22일에는 Claude Sonnet 4와 8월 5일 Claude Opus 4.1이 출시되었다.

주요 특징과 윤리적 글쓰기 지원

AI 안전성과 편향 최소화
- AI 안전성 연구를 바탕으로 유해하거나 편향된 답변을 최소화하며, 차등적 정보 접근 제어로 개인정보와 민감 데이터 유출 방지 기능이 강화되어 있다.

- 구성 요소별 심화 학습과 규제를 통해 부적절한 발언과 편향을 최소화하여, 객관적이고 신뢰할 수 있는 정보 제공에 특화되어 있다.
- Constitutional AI라는 독특한 학습 방법을 통해 AI 시스템이 스스로 안전 가이드라인을 설정하고 준수하도록 훈련되었다.

뛰어난 맥락 이해와 장문 처리
- 확장된 다중 모달 지식베이스를 보유하여 텍스트 외에 이미지, 코드 등 다양한 지식을 활용할 수 있으며, 내용이 긴 대화나 문서에서도 맥락을 유지하며 답변할 수 있다.
- 특히 긴 문서 요약이나 분석에 뛰어나다. 많은 글을 정리하고 분석하는 것에 특화되어 있다. 차트와 그래프로 정보와 데이터 밀도 높은 연구 논문을 3초 이내에 읽을 수 있다.
- 다른 AI가 상투적 언어를 사용하는 데 비해 비교적 사람과 대화하는 듯한 자연스러운 대화가 가능하여 문학적 글쓰기에 가장 유용하다.

모델 라인업과 성능 차별화
Claude는 현재 여러 모델을 제공하고 있다.
- Claude 4.1 Opus: 2025년 8월까지의 데이터로 훈련된 최신 최고 성능 모델
- Claude 4 Sonnet: 2025년 5월까지의 데이터로 훈련된 균형잡힌 성능의 최신 모델
- Claude 3.7 Sonnet: 2024년 11월까지의 데이터로 훈련된 하이브리드 추론 모델

각 모델은 서로 다른 용도에 최적화되어 있으며, 무료 버전에서는 Sonnet 4 모델을, 유료 버전에서는 전체 모델 라인업을 사용할 수 있다.

장문 처리와 분석의 전문성

Claude는 특히 긴 문서의 요약과 분석에서 탁월한 성능을 보인다. 예를 들어 여러 연구 논문을 동시에 업로드하여 종합적인 문헌 검토를 요청하거나 복잡한 법률 문서의 핵심 내용을 추출하는 작업에서 매우 유용하다.

객관적이고 신뢰할 수 있는 정보가 필요한 경우 특히 자기계발서나 자전적 수필에서 객관적인 사실 확인과 윤리적인 글쓰기에 매우 유용하다. 또한 한국어 표현이 자연스러워 글을 쓰거나 기존 글을 수정하는 데 최적화된 모델로 평가받고 있다.

5) 네이버 클로바X - 한국어와 한국 문화의 전문가

발전 현황과 한국형 AI의 진화

네이버 클로바X는 2023년 8월 24일 대한민국을 대상으로 한국어 버전으로 출시된 한국형 대화형 인공지능 서비스다. 2025년 2월 20일 네이버는 기존 하이퍼클로바X 대비 약 40% 수준의 파라미터 수로 구성된, 경량화된 새로운 하이퍼클로바X 모델을 공개했다.

2024년 8월부터는 이미지와 음성 처리가 가능한 대형멀티모달모델LMM로 업그레이드되어 사진 속 현상 묘사나 상황 추론 등 다양한 지시를 수행할 수 있게 되었다. 특히 국내 초중고등학교 검정고시에서 GPT-4o의 78%보다 높은 84%의 정답률을 기록하여 한국어 이해도에서 우수성을 입증했다.

주요 특징과 한국어 글쓰기의 혁신
압도적인 한국어 특화 능력
- 해외 경쟁사 모델보다 6,500배 많은 순수 한국 데이터를 이용해 학습되어 한국 문화, 사회 및 보편적 인식에 대해 높은 이해도를 보유하고 있다.
- 대규모 고품질 한국어 데이터와 한국 특화 학습 기법 연구 개발을 통해 수준 높은 한국어 구사 능력과 작문 실력을 자랑한다.
- 깊이 있는 수필, 시, 논설, 일기, 편지 등 다양한 형태의 한국어 글쓰기에 특화되어 있다.

한국 문화와 정서의 깊은 이해
- 한국인이 공감할 수 있는 깊은 감수성을 표현할 수 있으며, 한국 정서에 맞는 유머러스하고 재미있는 대화가 가능하다.
- 한국과 관련된 정보나 팩트에 관한 질문에 높은 정확성을 보여주며, 한국사, 한국 문학, 한국 사회 이슈에 관한 깊이 있는 이해를 바탕으로 한다.
- 한국의 소버린 AI 생태계 구축을 위한 오픈소스 AI 모델로도 제공되어 상업적 활용이 가능하다.

실제 활용 사례와 한국형 콘텐츠 제작
한국 독자를 대상으로 한 책이나 콘텐츠 제작 시 다음과 같이 활용할 수 있다.
- 한국사 관련 서적: 정확한 한국사 정보와 문화적 맥락 제공
- 한국 문학 평론: 한국 작가와 작품에 관한 깊이 있는 분석
- 자기계발서: 한국 사회 현실과 정서를 반영한 실용적 조언
- 에세이와 수필: 한국인의 감성과 정서를 잘 표현하는 문체

무료로 제공하되 경량화 모델을 기본으로 하면서 프리미엄 기능은 월정액으로 제공하는 다른 챗봇과는 달리, 클로바X는 모든 기능을 무료로 제공해 접근성이 뛰어나다. 또한 스마트폰 앱 형태로도 사용할 수 있어 언제 어디서든 음성으로 프롬프트를 입력할 수 있기에 시니어에게도 편리하다. 클로바X는 한국어에 강한 AI로 외국에서 개발한 GPT와는 달리 최신 한국 정보와 한국어 데이터를 모두 가지고 있기 때문에 활용가치가 높아, 앞으로 더 발전할 것으로 기대된다.

생성형 AI 5총사 활용 전략과 선택 가이드

이러한 생성형 AI들은 각기 다른 특성과 장점을 가지고 있어 책 쓰기와 글쓰기에 활용할 때는 목적과 필요에 맞게 전략적으로 선택하는 것이 중요하다. 이 다섯 가지의 생성형 AI 친구와 함께하는 글쓰기는 마치 오케스트라와 같다. 창의적인 아이디어가 필요할 때는 챗GPT와 브레인스토밍하고, 깊이 있는 자료 조사가 필요할 때는 Gemini에게 도움을 청한다. 체계적인 문서 작업이 필요하면

Copilot과 함께하고, 한국적 정서가 중요한 글에서는 클로바X와 대화한다. 그리고 능숙한 한국어 표현이 필요하거나 객관적이고 윤리적인 검토가 필요할 때는 Claude의 조언을 구한다. 특히 Claude는 한국어 구사능력이 뛰어나다는 평가를 받고 있기 때문에 문학적 글쓰기에 가장 적합하다.

한 가지 질문에 만족스럽지 않을 때는 다른 AI에게 같은 질문을 해보자. 각자 다른 관점에서 접근하기 때문에 더 풍부한 답변을 얻을 수 있다. 마치 여러 친구에게 조언을 구하는 것처럼 말이다.

만약 창작 소설을 쓴다면 챗GPT로 아이디어를 구상하고 Gemini로 배경 자료를 조사하며 Claude로 전체적인 구성을 점검할 수 있다. 한국을 배경으로 한 이야기라면 클로바X의 도움으로 더욱 생생한 한국적 디테일을 추가할 수 있다.

- 창의적 글쓰기: Claude 또는 챗GPT
- 학술 연구: Gemini 또는 Claude
- 비즈니스 문서: Copilot 또는 Gemini
- 한국어 콘텐츠: 클로바X 또는 Claude
- 데이터 기반 분석: Gemini 또는 Copilot
- 윤리적 검토: Claude 또는 챗GPT

한 가지 질문에 대해서 만족스럽지 않을 경우 다른 AI를 번갈아 사용해 답을 구한 뒤 원하는 것을 취사선택하는 것이 가장 효과적인 활용 방법이다. 또한 각 AI의 강점을 조합하여 활용하면 더욱 완성도 높은 글쓰기가 가능하다. 물론 책을 쓰는 데 있어서 5총사 외에 특별히 다른 AI를 쓸 수도 있다. 예를 들어 방대한 자료 검색을 필요로 한다면 구글 검색을 능가하는 Perplexity를 사용하면 좋다. 앞에서 언급한 5총사의 강점을 정리하면 다음과 같다.

2025년 AI 5총사 기본 정보와 기술적 특징 비교표

항목	챗GPT (OpenAI)	Gemini (Google)	Copilot (Microsoft)	클로바X (Naver)	Claude (Anthropic)
최신 모델	GPT-5	Gemini 2.5 Pro	GPT-4.5	하이퍼클로바X	Opus 4.1
멀티모달 기능	이미지, 오디오	이미지, 비디오	이미지	이미지, 음성	이미지
주요 강점	창작, 추론, 이미지	정보 분석, 멀티모달	업무통합, 검색	한국어, 한국 문화	안전성, 장문 분석
한국어 성능	개선됨	우수	지원	최고 수준	우수
요금제	$20/월	$20/월	$20/월	완전 무료	$20/월
언어 지원	58개 언어	100개 이상	다국어	영어, 일본어, 중국어	95개 언어

AI 5총사 글쓰기 활용 분야별 성능 평가표

활용 분야	챗GPT	Gemini	Copilot	클로바X	Claude
창의적 글쓰기	★★★★☆	★★★★☆	★★★☆☆	★★★☆☆	★★★★★
학술 논문	★★★★☆	★★★★★	★★★★☆	★★★★☆	★★★★★
비즈니스 문서	★★★★☆	★★★★★	★★★★★	★★★★☆	★★★★☆
한국어 콘텐츠	★★★☆☆	★★★★☆	★★★★☆	★★★★★	★★★★☆
데이터 분석	★★★☆☆	★★★★★	★★★★★	★★★★☆	★★★★☆
안정성/윤리	★★★☆☆	★★★☆☆	★★★☆☆	★★★★☆	★★★★★
장문 처리	★★★☆☆	★★★★★	★★★☆☆	★★★★☆	★★★★★
아이디어 발상	★★★★★	★★★★★	★★★☆☆	★★★★☆	★★★★☆

5
챗GPT로 책과 글쓰기의 한계와 대처 방안

    챗GPT와 같은 생성형 AI는 매우 강력하지만 여전히 인식과 이해의 한계를 가지고 있다. 이 모델들은 대량의 텍스트 데이터를 바탕으로 학습된다. 하지만 그 데이터의 맥락이나 미묘한 언어적 뉘앙스를 완전히 이해하지는 못한다. 예를 들어 복잡한 인간 감정이나 특정 문화적 배경을 가진 텍스트를 처리할 때 정확도가 떨어질 수 있다.

    AI가 생성한 글이나 아이디어를 참고하여 자신의 글을 개선하거나 새로운 아이디어를 발전시키는 데 사용해야 한다. AI의 결과물을 그대로 사용하지 않고 비판적으로 검토하고 수정하는 것은 필수적이다. 즉, 챗GPT의 결과물은 어디까지나 기계 용어라서 딱딱하고 가슴에서 우러나오는 감정 없이 건조하다. 여기에 자신의 스토리나 의견을 입혀 '나만의 글'로 바꾸어야 한다.

    인간 작가는 프롬프트, 피드백, 수정 사항을 제공하여 챗GPT를 안내하는 감독 생성 프로세스에 참여하고, 생성된 콘텐츠가 원하는 표준을 충족하는지 확인하면서 완성해 나가야만 한다.

    때로는 생성된 텍스트에 깊이나 독창성이 부족할 수 있고 인공지능이기 때문에 인간처럼 윤리적 판단을 내리지 못한다. 더구나 사실 여부도 확실하지 않고 감쪽같이 거짓말을 해서 애매한 부분을 채워 가는 경우나, 저작권이 해결되었는지 여부도 알기 어려운 자료들을 사용하는 경우도 있어 주의해야 한다.

옥스퍼드대학의 AI 윤리 센터가 2024년 발표한 연구에 따르면 AI 생성 콘텐츠의 주요 한계는 크게 네 가지로 나타난다. 1) 사실적 정확성의 문제 2) 창의적 독창성의 부재 3) 윤리적 판단 능력 부족 4) 문화적 뉘앙스와 맥락 이해의 한계. 이러한 한계들은 AI를 글쓰기에 활용할 때 인간 작가의 감독과 개입이 여전히 필수적임을 시사한다.

주요 한계와 대처 방안

1) 사실 확인 필요

사실 확인 도구와 리소스를 사용하여 챗GPT에서 생성된 정보의 정확성을 확인하는 과정이 필요하다. 챗GPT는 모르는 이야기도 문장을 완성하기 위해서 감쪽같이 속이는 경우가 빈번하다. 특히 데이터나 통계처리 수치 등은 면밀히 체크할 필요가 있다. 인간 작가는 정보를 상호 참조하고 출판 전에 신뢰할 만한 내용인지 확인해야 한다.

AI 모델이 생성하는 환각현상Hallucination은 실재하지 않는 정보나 사실과 다른 내용을 자신 있게 제시하는 현상을 말한다. 이는 특히 역사적 사건, 통계 데이터, 인물 정보 등 사실 기반 콘텐츠에서 문제가 될 수 있다. 환각현상은 기술의 급속한 발전과 데이터 학습량의 증가로 급속하게 줄어들고 있다고는 하지만 연구자들은 생성형 AI가 제공하는 정보의 약 15~28%가 부정확하거나 검증이 불가능한 것으로 추정한다.

이를 해결하기 위해 다중 검증Triangulation 방법을 활용할 수 있다. AI가 제공한 정보를 최소 두 개 이상의 독립적 출처와 대조하여 확인하는 습관을 들이는 것이 중요하다. 특히 중요한 사실이나 주장의 경우 논문, 학술 데이터베이스, 정부 기관 웹사이트 등 신뢰할 수 있는 출처를 통해 직접 확인해야 한다.

실용적인 접근 방식으로 AI에게 정보의 출처를 함께 제공하도록 요청하는 것이 도움이 된다. "이 정보의 출처는 무엇인가요?" 또는 "이 통계 데이터를 확인할 수 있는 원본 자료를 알려주세요"와 같은 프롬프트를 활용하면 AI가 참조한 정보의 출처를 추적하는 데 도움이 된다.

2) 감정과 경험 추가

AI가 쓴 글은 인간과 달리 감정 표현에 한계가 있어 글이 기계적이고 드라이하다. 다시 말하면 명석한 머리만 있을 뿐 따뜻한 가슴이 없다. 미리 학습한 정보 내에서 정해진 답만 주기 때문에 창의성이 떨어지고 그 이상의 고민을 하지 않는다. 즉 땀을 흘리지 않는다. 이 부분은 오롯이 인간 작가의 몫이다.

문학 비평가들은 AI 생성 텍스트의 가장 큰 한계로 '영혼의 부재'를 지적한다. AI는 인간 경험의 진정성, 취약함, 모순, 역설 등을 진정으로 이해하거나 표현하지 못한다. 이러한 한계를 극복하기 위해 시니어 작가들은 자신의 풍부한 인생 경험, 감정적 깊이, 개인적 통찰을 AI 생성 텍스트에 적극적으로 주입해야 한다.

효과적인 방법은 '샌드위치 기법'이다. AI로 기본 구조와 내용을 생성한 후 그 사이사이에 자신의 개인적 이야기, 비유, 감정적 반응을 삽입하는 것이다. 예를 들어 AI가 전쟁에 대한 일반적인 서술을 제공했다면 그 텍스트에 자신이 경험한 전쟁의 기억, 감각적 세부 사항소리, 냄새, 느낌, 감정적 충격 등을 추가할 수 있다.

또한 AI 텍스트를 '영감의 원천'으로 활용하고 이를 출발점으로 자신만의 깊이 있는 성찰과 표현을 발전시키는 접근법도 효과적이다.

3) 프롬프트 기술 향상

챗GPT를 잘 쓰기 위해서는 무엇보다도 질문Prompt: 프롬프트이 중요하다. 질문의 방법이나 깊이에 의해 답이 몰라보게 달라지기 때문이다. 가령 "어머니에 대한 글 하나 써주세요" 같이 두루뭉술한 질문보다는 "어머니의 애틋한 자식 사랑을 담은 수필을 3천 자 이내로 써 주세요"라고 구체적으로 물으면 그 결과물은 놀라울 정도로 좋아진다.

시니어 작가를 위한 실용적인 프롬프트 작성 팁으로는 다음과 같은 것들이 있다.

- **역할 할당**: "당신은 노년학 전문가로서…" 또는 "당신은 1950년대 한국 문학에 정통한 편집자로서…"와 같이 AI에게 특정 역할을 부여하면 더 관련성 높은 응답을 얻을 수 있다.
- **형식 지정**: 원하는 출력 형식을 명확히 지정한다. "다음 내용을 5개의 소제목이 있는 장으로 구성해 주세요" 또는 "다음 개요를 850단어 분량의

에세이로 발전시켜 주세요".
- **단계적 접근**: 복잡한 글쓰기 작업을 여러 단계로 나누어 진행한다. 예를 들어 먼저 개요를 만들고, 각 섹션을 확장한 후 전체를 수정하는 방식으로 접근한다.

프롬프트 저장소prompt library를 만들어 효과적이었던 프롬프트를 저장하고 재사용하는 것도 유용한 전략이다. 이를 통해 시니어 작가는 시행착오 과정을 줄이고 더 효율적으로 AI와 협업할 수 있다.

4) 저작권과 표절 문제

표절 탐지 소프트웨어를 사용해, 생성된 콘텐츠에서 의도하지 않은 표절 사례를 식별하고 해결해야 한다. 최종 텍스트가 원본이고 기존 저작권을 침해하지 않는지 세심한 체크가 필요하다.

AI 생성 콘텐츠의 저작권 문제는 복잡한 법적 지형을 갖고 있다. 현재 대부분의 국가에서는 AI가 독자적으로 생성한 콘텐츠는 저작권 보호 대상이 되지 않는다. 그러나 인간 작가가 AI와 협업하여 만든 콘텐츠의 경우 인간의 창의적 개입 정도에 따라 저작권 보호 여부가 결정된다.

시니어 작가는 AI 생성 콘텐츠를 활용할 때 다음과 같은 안전장치를 마련해야 한다.
- **표절 검사**: Turnitin, Copyscape와 같은 표절 탐지 도구를 사용하여 AI가 생성한 내용이 기존 작품을 직접적으로 복제하지 않았는지 확인한다.
- **변형과 재창작**: AI가 제공한 내용을 그대로 사용하지 않고 자신만의 언어

와 관점으로 변형하고 확장한다.
- **출처 표시**: AI 도구를 활용했음을 명시하는 것이 윤리적이다. 일부 출판사는 이미 AI 지원 콘텐츠에 대한 표시 정책을 도입하기 시작했다.
- **법적 동향 파악**: AI 저작권 관련 법규는 빠르게 발전하고 있으므로 최신 법적 지침을 정기적으로 확인한다.

최근의 법적 판례는 "인간 작가가 AI 출력물에 대해 유의미한 창의적 선택과 배열을 가했다면" 저작권 보호가 가능하다는 방향으로 발전하고 있다. 이는 AI를 도구로 활용하되 최종 작품에 인간 작가의 독창적 기여가 분명히 드러나야 함을 의미한다.

5) 인간과 AI의 협업 강화

창의성의 한계를 극복하는 가장 효과적인 방법은 인간과 AI가 협력하는 것이다. 작가는 AI가 제안하는 내용을 기반으로 새로운 아이디어를 발전시키거나 조정할 수 있다. 또한 다양한 창의적인 방법론을 AI에 적용하여 AI가 보다 유연하게 창의적인 출력을 하도록 도울 수 있다.

실질적인 AI-인간 협업 모델로는 '공동 창작자Co-creator' 접근법이 가장 효과적이다. 이 모델에서는 AI와 인간 작가가 각자의 강점을 활용한다. AI는 정보 검색, 구조화, 변형을 담당하고, 인간 작가는 창의적 방향 설정, 감정적 깊이 부여, 윤리적 판단, 문화적 맥락화를 책임진다.

성공적인 협업 전략으로는 다음과 같은 방법이 있다.

- **'탐색-심화-정제' 순환**: AI를 통해 다양한 가능성을 탐색하고 유망한 방향을 심화 발전시킨 후, 인간 작가가 최종 정제하는 순환 과정
- **'체크포인트' 설정**: 글쓰기 과정에서 인간 작가가 방향을 재평가하고 조정할 수 있는 정기적인 체크포인트 마련
- **다중 모델 활용**: 단일 AI 모델에 의존하지 않고 여러 도구예: 챗GPT, Claude, Gemini 등를 함께 활용하여 다양한 관점 확보
- **비판적 편집자로서 AI 활용**: 자신이 작성한 콘텐츠에 대해 AI에게 비판적 피드백을 요청하여 객관적 시각 확보

일본의 한 베스트셀러 시니어 작가는 "AI는 내 글쓰기의 '반향실Echo chamber'이 아닌 '대화 파트너'가 되어야 한다"라고 말했다. 이는 AI가 단순히 작가의 지시를 수행하는 도구가 아니라 새로운 가능성을 제시하고 작가의 사고를 확장하는 협력자가 되어야 함을 의미한다.

6) 디지털 리터러시 지속적 향상

AI 도구는 빠르게 진화하고 있어 지속적인 학습과 적응이 필요하다. 시니어 작가는 AI 글쓰기 도구의 최신 발전 동향을 따라가고 새로운 기능과 가능성을 탐색하는 개방적 태도를 유지해야 한다.

실용적인 학습 경로로는 다음과 같은 방법이 있다.

- **온라인 커뮤니티 참여**: AI 작가 포럼, 페이스북 그룹, 레딧 커뮤니티 등에서 다른 작가들과 경험이나 팁을 공유한다.
- **시니어 친화적 워크숍 참여**: 많은 도서관, 커뮤니티 센터, 노인대학에서 시니어를 위한 AI 글쓰기 워크숍을 제공하고 있다.

- **마이크로 학습:** 한 번에 모든 것을 배우려 하기보다는 매주 하나의 새로운 AI 기능이나 테크닉을 익히는 점진적 접근법을 택한다.
- **멘토십과 역멘토링:** 젊은 세대와의 기술 교환 프로그램에 참여하여 디지털 스킬을 배우는 동시에 자신의 인생 경험과 지혜를 공유한다.

노년학자들은 '디지털 리터러시 유지는 인지적 노화 방지의 핵심 요소'라고 강조한다. 지속적인 학습과 새로운 기술 적응은 뇌의 신경 가소성을 촉진하고 인지 예비력Cognitive reserve을 구축하는 데 도움이 된다.

이제 챗GPT는 더 이상 공포의 대상이거나 기피 대상도 아니다. 챗GPT 세상에서 남에게 뒤지지 않는 길이 있다. 피하기보다 친한 친구처럼 관심을 가질 때 챗GPT가 더 친근하게 다가올 것이다. 특히 시니어에게 챗GPT는 그동안 쌓아온 풍부한 경험과 지혜를 세상과 공유하는 강력한 도구가 될 수 있다. 기술의 장벽을 넘어 자신만의 이야기를 책과 글로 표현하는 새로운 여정을 시작해 보자.

마음의 문을 여는 것은 쉽지 않다. 하지만 한 번 열면 전혀 다른 세상이 펼쳐진다. 프로메테우스가 인간에게 불을 가져다준 것처럼 AI는 시니어에게 새로운 창조의 불씨를 선사하고 있다. 이 불씨를 어떻게 활용할지는 온전히 우리의 선택이다. 디지털 월드행 마지막 열차에 올라타 새로운 모험을 시작할 준비가 되었는가?

> 💡 **TIP**

한국디지털문인협회 출범과 역할

한국디지털문인협회는 디지털 시대에 맞는 문학의 발전을 추구하기 위해 2022년 5월에 창립되었다. 창립 이후 다양한 활동을 벌이며 문학계의 주목을 받고 있다. 협회조직은 이상우 이사장과 김종회 회장이 맡고 있으며 디카시 위원회, 디지털책쓰기교육 위원회, 디지털 저작권 위원회 등 18개 분과 위원회와 5개의 특별 위원회를 두고 다양한 활동을 하고 있다.

한국디지털문인협회는 디지털 시대에 맞는 문학의 발전을 선도하고 문학의 대중화와 국제화에 기여하기 위해 다양한 활동을 하고 있다. '디지털문학의 미래와 전망'이라는 주제로 제1회 학술 심포지엄을 시작으로 매년 디지털과 문학을 주제로 심포지엄을 열고 있다. 제2회 학술 심포지엄은 '챗GPT와 문학의 미래'를 주제로 2023년에 진행되었고, 2025년 6월 제4회 세미나는 '생성형 AI 기술현황과 문학적 글쓰기'라는 주제로 열렸다.

협회는 70여 명의 공동 필자가 참여하는 공동 문집을 1년에 두 차례 발행하고 있으며, 전국 규모의 글쓰기 공모전을 해마다 실시하고 있다. 그 외에 문학기행, 명사초청 특강을 통해 회원들의 작품을 발표하고 축하하는 행사를 진행하면서 독자와 소통하는 기회를 제공하고 있다. 또한 디지털책쓰기 교육과 세미나를 통해 디지털 기반의 책쓰기 실전 교육을 제공하고 있다.

협회는 디지털 시대에 맞는 문학의 발전을 위해 누구나 쉽게 문학을 접할 수 있도록 디지털 기술을 활용하여 문학의 창작과 유통 방식으로 혁신 중이다. 디지털 문학의 새로운 장르를 개척하여 회원들의 작품을 디지털 플랫폼에 발표하며 독자와 소통하는 것을 지원하고 있다.

향후에는 해외의 디지털 문학과 교류하고 국제적인 디지털 문학 축제를 개최하는 등 문학의 국제화를 추진하기 위해 해외의 국제적인 디지털 문학 네트워크를 구축하고 있다. 동시에 문학의 윤리와 디지털 문학의 저작권 보호에도 힘을 쏟아, 디지털 시대에 맞는 문학의 발전을 선도하고 문학의 대중화와 국제화에 기여할 것으로 기대된다.

1
프롬프트의 기본 개념

1) 프롬프트의 정의

프롬프트는 챗GPT 같은 AI와 대화할 때 사용하는 '명령어' 또는 '질문'이다. AI에게 "이런 글을 써달라"라고 부탁하는 지시문인 셈이다. 기술적으로 설명하면 프롬프트는 대규모 언어 모델의 연산 과정을 특정 방향으로 유도하여 원하는 결과를 얻어내는 입력 텍스트다. 모델의 확률 분포를 조정해서 원하는 답변이 나올 가능성을 높이는 역할을 한다.

글쓰기에서 프롬프트는 작가와 AI 사이의 '창작 협업 도구'라고 볼 수 있다. 음식점에서 주문할 때처럼 구체적으로 말할수록 원하는 결과를 얻을 가능성이 높아진다.

실제로 비교해 보면 차이가 확연하다. "소설을 써달라"라고 막연하게 요청하는 것과 "1980년대 서울을 배경으로 한 청춘 로맨스 소설의 첫 번째 챕터를 3인칭 관찰자 시점으로 3,000자 분량으로 작성해 달라. 주인공은 대학생이고 첫 만남의 설렘을 섬세하게 묘사해 달라"라고 구체적으로 요청하는 것은 완전히 다른 결과를 만들어낸다.

프롬프트는 단순한 질문이나 명령문을 넘어서 AI의 추론 과정을 설계하는 중요한 도구다. 특히 글쓰기에서는 창작의 방향성, 문체, 구조, 내용의 깊이를 결정하는 핵심 요소가 된다. 좋은 프롬프트는 AI가 작가의 의도를 정확히 파악하고 그에 맞는 창작물을 생성할 수 있도록 안내하는 역할을 한다.

2) 프롬프트의 중요성

프롬프트는 AI 모델의 내부 구조를 바꾸지 않고도 결과를 조절할 수 있는 유일한 방법이다. 같은 AI라도 어떻게 부탁하느냐에 따라 글의 품질, 정확성, 창의성이 완전히 달라진다. 이는 요리사에게 "맛있는 것을 해달라"라고 하는 것과 "매콤달콤한 떡볶이를 중간 맵기로 치즈 토핑을 올려서 해달라"라고 하는 것의 차이와 같다.

글쓰기 영역에서 이런 차이는 더욱 극명하게 드러난다. "에세이를 써달라"라는 기본적인 요청과 "개인적 경험을 바탕으로 '실패에서 배운 교훈'이라는 주제로 성찰적 에세이를 작성해 달라. 구체적인 사례 하나를 중심으로 감정의 변화 과정을 솔직하게 드러내고 독자가 공감할 수 있는 따뜻한 문체로 1,500자 내외로 써달라"라는 발전된 요청은 완전히 다른 품질의 에세이를 만들어낸다.

프롬프트는 AI의 지식 검색 능력, 추론 능력, 글쓰기 과정을 활성화하는 촉매제 역할을 한다. AI가 가지고 있는 잠재적 능력과 실제로 발휘하는 능력 사이의 격차를 좁히는 핵심 요소인 셈이다. 특히 창작 영역에서는 작가의 상상력과 AI의 언어 생성 능력을 효과적으로 결합시키는 다리 역할을 한다.

좋은 프롬프트는 AI로 하여금 단순한 정보 나열이 아닌 감정과 스토리가 살아있는 텍스트를 만들어내도록 한다. 반대로 부실한 프롬프트는 평면적이고 기계적인 글을 결과로 가져온다. 따라서 프롬프트 설계 능력은 AI 시대의 글쓰기에서 핵심적인 역량이라고 할 수 있다.

3) 프롬프트 엔지니어링 Prompt Engineering

프롬프트 공학은 AI의 결과물을 최적화하기 위한 프롬프트 설계와 개선 과정을 체계화한 분야다. 거창한 이름이지만 실제로는 AI와 효과적으로 소통하는 방법을 익히는 것이다. 자연어 처리, 인지과학, 컴퓨터과학의 원리를 결합하여 AI의 내부 작동 과정을 효과적으로 조율하는 기술적 접근법이라고 할 수 있다.

글쓰기 분야에서 프롬프트 공학은 특별한 의미를 갖는다. 전통적인 글쓰기가 작가 개인의 영감과 기법에 의존했다면, AI 협업 글쓰기에서는 프롬프트 설계 능력이 창작 품질을 결정하는 핵심 요소가 된다. 이는 영화 감독이 배우들에게 연기 지도를 하는 것과 유사하다. 좋은 감독이 배우의 잠재력을 최대한 끌어내듯이 숙련된 프롬프트 사용자는 AI의 창작 능력을 최적화할 수 있다.

프롬프트 공학의 핵심은 몇 가지 요소로 구성된다. 첫째, 구체적으로 표현하는 것이다. "재미있게"보다는 "유머러스하면서도 감동적으로"라고 명시하는 것이 훨씬 효과적이다. 둘째, 분량을 정하는 것이다. "길게"보다는 "2,000자 정도로"라고 구체적인 수치를 제시하는 것이 좋다. 셋째, 스타일을 지정하는 것이다. "격식 있게" 또는 "친근한 말투로"처럼 문체를 명확히 한다. 넷째, 배경을 설명하는 것이다.

누가 읽을 글인지, 어떤 목적인지를 구체적으로 알려준다. 마지막으로 복잡한 작업은 여러 단계로 나누어 지시한다. 반복 연습을 통해 AI와 소통하는 감각을 기르는 것이 중요하다. 마지막으로 AI를 창작 파트너로 인식하기이다. 단순한 도구가 아닌 창작 파트너로 여기는 관점이 필요하다.

최신 프롬프트 공학 기법에는 소프트 프롬프트, 자동 프롬프트 최적화, P-tuning 등이 포함된다. 이러한 기법들을 글쓰기에 적용하면 더욱 정교하고 창의적인 텍스트 생성이 가능하다. 결국 좋은 프롬프트는 AI의 숨겨진 능력을 끌어내는 열쇠 역할을 한다. 좋은 감독이 배우의 최고 연기를 이끌어내듯 좋은 프롬프트는 AI의 창작 능력을 최대한 발휘하게 만든다. AI 시대의 글쓰기에서 프롬프트 활용 능력은 선택이 아닌 필수가 되었다고 해도 과언이 아니다.

2
효과적인 프롬프트의 구성 요소

1) 명확한 지시 사항

효과적인 프롬프트의 핵심은 모델에게 제공하는 지시의 명확성과 정밀성이다. 모호함이나 다의성을 최소화하고, 작업의 범위와 목표를 명시적으로 정의해야 한다. 글쓰기에서 명확한 지시 사항은 창작의 방향성을 결정하는 나침반 역할을 한다.

나쁜 예: "소설을 써줘."

좋은 예: "현대 한국을 배경으로 한 심리 스릴러 단편소설을 작성해 줘. 주인공은 30대 회사원으로 기억 상실증을 앓고 있으며, 자신의 과거를 추적하는 과정에서 충격적인 진실을 발견하는 내용이야. 1인칭 주인공 시점으로 서술하고, 긴장감을 점진적으로 높여가며 마지막에 반전을 제시해 줘. 분량은 5,000자 내외로 작성해 줘."

명확한 지시 사항의 핵심은 태스크 분해 Task decomposition다. 복잡한 글쓰기 요청을 구체적인 요소들로 나누어 제시하는 것이 중요하다. 예를 들어 블로그 포스트를 요청할 때는 '주제무엇을, 목적왜, 독자층누구에게, 분량얼마나, 톤앤매너어떻게, 구조어떤 순서로'를 모두 명시해야 한다.

글쓰기에서 지시 사항이 모호하면 AI는 일반적이고 뻔한 내용을 생성하기 쉽다. 반면 구체적이고 명확한 지시를 제공하면 독창적이고 개성 있는 글을 만들어낼 수 있다. 특히 창작 분야에서는 '어떤 감정을 불러일으키고 싶은지', '어떤 메시지를 전달하고 싶은지', '독자에게 어떤 경험을 제공하고 싶은지' 등 추상적인 목표도 구체적으로 표현해야 한다.

또한 문학적 장치나 기법에 대한 요구 사항도 명시할 수 있다. "은유와 상징을 활용해서", "대화를 통해 인물의 성격을 드러내며", "시간의 흐름을 역순으로 배치하여" 등의 구체적인 기법 요청은 더욱 정교한 작품을 만들어낸다. 이처럼 명확한 지시 사항은 AI의 무한한 가능성을 특정 창작 방향으로 집중시키는 역할을 한다.

2) 맥락 제공

맥락은 모델이 적절한 지식 영역을 활성화하고 출력의 관련성을 높이는 데 필수적이다. 도메인 특정적 배경 정보, 관련 선행 지식, 작업의 의도와 목적을 포함함으로써 모델의 표현 공간을 효과적으로 제한할 수 있다. 글쓰기에서 맥락 제공은 AI가 적절한 문화적, 시대적, 장르적 배경을 이해하고 그에 맞는 글을 쓸 수 있도록 돕는다.

예시: "1960년대 부산 영도다리를 배경으로 한 향수 어린 단편소설을

써줘. 당시 사회적 배경은 급속한 산업화로 인한 이농현상이 심했고, 많은 사람들이 고향을 떠나 도시로 몰려들던 시기야. 주인공은 시골에서 올라온 20대 청년으로, 도시 생활에 적응하지 못하고 고향에 두고 온 연인을 그리워하는 인물이야. 부산 방언을 자연스럽게 녹여내고 당시의 생활상 달동네, 막걸리, 라디오 등을 디테일하게 묘사해 줘."

이렇게 역사적 배경, 지역적 특색, 인물 설정, 문화적 요소 등의 맥락을 제공하면 훨씬 사실적이고 몰입감 있는 작품을 얻을 수 있다. 맥락은 프롬프트의 정보 밀도를 증가시키고 모델의 어텐션 메커니즘이 관련 토큰에 집중하도록 유도한다.

글쓰기에서 맥락 제공의 또 다른 중요한 측면은 독자층과 게재 매체에 대한 정보다. 같은 주제라도 누구를 대상으로 하느냐, 어디에 게재될 것이냐에 따라 글의 성격이 완전히 달라진다. 맥락 제공에서 주의할 점은 너무 많은 정보를 한꺼번에 제공하지 않는 것이다. 핵심적이고 글쓰기에 직접적으로 영향을 미치는 맥락 정보만 선별해서 제공해야 한다. 또한 맥락 정보는 사실에 기반해야 하며 잘못된 정보를 제공하면 글의 신뢰성에 문제가 생길 수 있다.

3) 역할 설정

역할 설정은 모델의 출력 스타일, 어조, 관점을 조정하는 메타 프레임워크를 제공한다. 특정 전문가나 페르소나를 지정함으로써 모델의 내재된 지식 표현을 효과적으로 활성화할 수 있다. 글쓰기에서 역할 설정은 특히 중요한데, 누구의 시각에서 글을 쓰느냐에 따라 문체, 어조, 접근 방식이 완전히 달라지기 때문이다.

글쓰기 활용 예시

- "20년 경력의 베테랑 소설가처럼 인물의 심리를 섬세하게 묘사하며 단편소설을 써줘."
- "10대 청소년의 시각으로 첫사랑의 설렘과 아픔을 솔직하게 담은 일기체 에세이를 써줘."
- "문학 평론가의 관점에서 이 소설의 주제 의식과 문학적 기법을 분석하는 비평문을 작성해 줘."
- "여행 작가의 시선으로 제주도의 숨은 명소를 감성적으로 소개하는 여행기를 써줘."

역할 설정이 단순한 스타일 변경을 넘어서는 이유는 각 역할이 가진 고유한 전문성과 사고방식 때문이다. 예를 들어 의사의 관점에서 건강 관련 글을 쓸 때와 환자의 관점에서 쓸 때는 사용하는 용어, 접근 방식, 강조점이 모두 다르다. 소설가의 시각에서는 문학적 표현과 은유를 중시하지만 기자의 시각에서는 사실의 정확성과 간결한 전달을 우선시한다.

글쓰기에서 역할을 설정할 때는 해당 역할이 가진 특징을 구체적으로 명시하는 것이 좋다. "베테랑 소설가처럼"이라고 할 때는 "인물의 내면 묘사에 능하고, 함축적인 표현을 즐기며, 여운이 남는 결말을 만드는" 등의 구체적 특징을 추가로 제시할 수 있다. 이렇게 하면 AI가 해당 역할의 핵심적인 글쓰기 특성을 더 잘 구현할 수 있다.

또한 역할 설정 시에는 그 역할이 처한 상황이나 맥락도 함께 제공하는 것이 효과적이다. "신문 기자로서 마감 시간에 쫓기며 속보를 작성하는" 상황과 "여유롭게 심층 탐사 기사를 작성하는" 상황에서는 같은 기자라도 글의 스타일이 달라질 것이다.

4) 형식 지정

출력 형식의 명확한 구조화는 모델의 생성 프로세스를 안내하고 일관된 결과물을 보장한다. 구조적 형식은 모델의 출력을 특정 스키마에 맞추는 강력한 제약으로 작용한다. 글쓰기에서 형식 지정은 글의 구조와 체계를 미리 설계함으로써 더욱 완성도 높은 작품을 만들어낸다.

글쓰기 형식 지정 예시

다음 구조로 여행 에세이를 작성해 줘:

1. 도입부 200자
   - 여행지에 대한 첫인상과 기대감
   - 독자의 관심을 끄는 흥미로운 일화
2. 본문 1단락 400자
   - 가장 인상 깊었던 장소 묘사
   - 구체적인 감각적 표현 시각, 청각, 후각 등
3. 본문 2단락 400자
   - 현지 사람들과의 만남이나 문화 체험
   - 대화나 상호작용 장면 포함

4. 본문 3단락300자
 - 예상치 못했던 발견이나 깨달음
 - 개인적 성찰이나 변화

5. 마무리200자
 - 여행의 의미와 독자에게 전하고 싶은 메시지
 - 여운이 남는 결말

이렇게 형식을 미리 정해주면 글의 균형과 완성도가 크게 향상된다. 또한 작가가 놓치기 쉬운 요소들을 체계적으로 포함시킬 수 있다. 형식 지정은 특히 논문, 보고서, 기사 등 구조가 중요한 글쓰기에서 매우 유용하다.

형식 지정에서 중요한 것은 경직되지 않는 것이다. 너무 세밀하게 형식을 지정하면 창의성이 제약될 수 있으므로 큰 틀은 제시하되 세부적인 표현은 AI의 창의성에 맡기는 것이 좋다. 또한 장르와 목적에 맞는 형식을 선택해야 한다. 시나 수필의 경우는 자유로운 형식이 더 적합할 수 있고 보고서나 논문의 경우는 엄격한 형식이 필요할 수 있다.

5) 제약 조건

제약 조건은 모델의 생성 자유도를 의도적으로 제한하여 출력의 품질과 관련성을 개선한다. 길이 제한, 복잡성 수준, 어휘 범위, 스타일 제약 등을 명시함으로써 모델의 토큰 선택 공간을 효과적으로 축소할 수 있다. 글쓰기에서 제약 조건은 무한한 가능성을 특정한 창작 방향으로 집중시키는 역할을 한다.

글쓰기 제약 조건 예시

- "중학생도 이해할 수 있는 쉬운 어휘로 환경 문제에 대한 설명문을 작성해 줘."
- "2,000자 이내로 간결하면서도 임팩트 있는 자기소개서를 작성해 줘."
- "은유나 비유를 최소 5개 이상 사용하여 봄을 주제로 한 산문시를 써 줘."
- "대화체를 70% 이상 포함하여 인물들의 성격이 드러나는 희곡을 작성해 줘."
- "과거형으로만 서술하고 감정 표현을 절제하여 담담한 톤의 회고록을 써줘."

제약 조건의 핵심은 창의성의 패러독스를 활용하는 것이다. 완전한 자유보다는 적절한 제약이 있을 때 더 창의적인 결과물이 나오는 경우가 많다. 예를 들어 "자유롭게 시를 써줘"보다는 "14행으로 이루어진 소네트 형식으로, '시간'을 주제로 하되 각 행마다 하나 이상의 감각적 표현을 포함하여 시를 써줘"라고 하는 것이 더 완성도 높은 작품을 만들어낸다.

제약 조건을 설정할 때는 핵심적인 요소들만 선별해서 제시하는 것이 중요하다. 너무 많은 제약을 동시에 가하면 AI가 혼란스럽거나 창의성이 과도하게 제한될 수 있다. 또한 제약 조건들 사이에 모순이 없는지 확인해야 한다. 예를 들어 "간결하게 써줘"와 "자세히 묘사해 줘"는 서로 상충하는 제약이므로 둘 중 하나를 우선순위로 정해야 한다.

> 💡 **TIP**

효과적인 프롬프트를 구성하기 위한 6가지 요소

생성형 AI 모델인 챗GPT를 사용할 때, 프롬프트를 잘 구성하면 더 나은 결과를 얻을 수 있다. 프롬프트를 구성할 때 효과적인 방법은 여러 가지가 있지만 여기서는 Jeff Su가 제시한 6가지 구성 요소를 감안해서 작성하면 아주 효과적이다.

1. 명령 task
프롬프트에는 반드시 명령이 포함되어야 한다. 예를 들어 "요약해 줘" 또는 "찾아봐 줘"와 같이 서술어로 기술해야 하며, 자세한 답변을 원한다면 한 번에 한 가지 명령만 주는 것이 좋다.

2. 맥락 context
상황을 잘 설명해야 한다. 어떤 배경인지, 어떤 조건이나 규칙이 있는지, 최종적으로 어떤 결과물이 나와야 하는지를 자세히 설명해 주어야 하며, 상황을 구체적으로 잡아줄수록 챗GPT가 맥락을 이해하기 쉬워져서 좋은 답변을 해준다.

3. 페르소나 persona
해당 문제를 가장 잘 해결할 수 있을 만한 사람이 누구인지 가정하고 그 역할을 맡아서 대화하라고 하면 좋다. 예를 들어 "초보 작가 입장에서 답변해 줘"라고 하면 전문작가가 아닌 글쓰기에 초보자 입장에서 알기 쉬운 용어로 답변이 나온다. 페르소나가 구체적일수록 전문

영역에 가까운 답을 제공해 준다.

4. 예시 example

문제와 관련된 예시를 1~2개 정도 프롬프트에 넣어주면 챗GPT가 예시를 기반으로 답변을 작성해 준다. 무료 버전에선 텍스트로 예시를 주고, 유료 버전에선 웹링크나 파일도 첨부할 수 있다.

5. 포맷 format

결과물의 형식이나 분량, 내용 구성을 미리 지정해 주면 좋다. 표 형식으로 달리해 달라거나 마크다운으로 작성하라고 하거나 아웃라인을 주면서 어떤 식으로 구성하라고 말해주면 된다.

6. 어조 tone

결과물의 어조도 정할 수 있다. "간단명료하게", "친근한 말투로"와 같은 형용사를 주거나, 어떤 예시 텍스트의 어조를 따라하라고 하면 된다.

이렇게 프롬프트에 여러 요소를 잘 녹여내면 챗GPT의 능력을 최대한 이끌어낼 수 있다.

3
프롬프트 유형별 접근법

1) 질문형 프롬프트

질문형 프롬프트는 모델의 지식 검색과 추론 능력을 활용하여 특정 정보를 추출하는 데 최적화되어 있다. 글쓰기에서 질문형 프롬프트는 주로 정보 수집, 아이디어 발굴, 글감 탐색 등의 목적으로 사용된다. 효과적인 질문형 프롬프트는 사실적 쿼리와 추론적 쿼리를 구별하여 접근해야 한다.

단순한 질문: "소설의 플롯은 어떻게 구성해야 해?"
구조화된 질문: "미스터리 장르의 단편소설에서 독자의 관심을 끌고 마지막까지 긴장감을 유지하는 플롯 구성법을 다음 관점에서 설명해 줘. 1) 도입부에서 미스터리 요소 제시 방법 2) 중간 부분에서 단서와 적색청어Red herring 배치 전략 3) 절정 부분에서 긴장감 최고조 연출 기법 4) 결말에서 반전과 해결 과정의 만족도 높이는 방법"

글쓰기 영역에서 질문형 프롬프트는 특히 창작 과정의 초기 단계에서 유용하다. 작가가 막막한 상황에서 아이디어를 얻거나 특정 기법에 관한 조언을 구할 때 효과적이다. 예를 들어 "1980년대를 배경으로 한 성장 소설을 쓰려고 하는데, 당시의 사회적 분위기와 청소년 문화를 어떻게 자연스럽게 작품에 녹여낼 수 있을까?"와 같은 질문은 구체적이고 실용적인 조언을 이끌어낸다.

질문형 프롬프트에서 중요한 것은 "확실한 정보만 제공하고 불확실한 부분은 명시해 줘"라는 조건을 추가하는 것이다. 특히 역사적 사실이나 문학사적 정보가 필요한 글쓰기에서는 정확성이 매우 중요하기 때문이다. 또한 "실제 예시나 작품을 들어서 설명해 줘"라고 요청하면 더욱 구체적이고 이해하기 쉬운 답변을 얻을 수 있다.

2) 지시형 프롬프트

지시형 프롬프트는 명령어 기반 접근법으로, 모델이 특정 작업을 실행하도록 명시적으로 지시한다. 글쓰기에서 지시형 프롬프트는 실제 창작 활동의 핵심이 되며, 효과적인 지시형 프롬프트는 원하는 창작 행동을 명령형 동사로 시작하여 명확한 방향성을 제시하는 형태이다.

기본 지시: "에세이를 작성해 줘."

구체적 지시: "다음 순서로 개인적 경험을 바탕으로 한 성찰적 에세이를 작성해 줘: 1) 구체적인 경험 사례를 생생하게 묘사하며 도입 2) 그 경험이 주는 감정과 생각의 변화 과정을 솔직하게 서술 3) 그 경험에서 얻은 깨달음이나 교훈을 일반화하여 제시 4) 독자에게 전하고 싶은 메시지로

마무리. 전체적으로 따뜻하고 공감적인 톤을 유지하며 1,800자 내외로 작성해 줘."

지시형 프롬프트에서 중요한 것은 절차적 지식의 활성화다. 즉, AI가 단순히 정보를 제공하는 것이 아니라 실제로 글을 창작하는 과정을 수행하도록 해야 한다. 이를 위해서는 창작 과정을 단계별로 나누어 제시하는 것이 효과적이다. 예를 들어, 소설 창작의 경우 '인물 설정 → 배경 설정 → 갈등 구조 설계 → 장면별 전개 → 대화와 묘사 → 결말 구성' 순서로 단계를 나누어 지시할 수 있다.

복잡한 글쓰기 작업은 전제 조건, 주요 작업, 후속 조치로 구조화하여 모델의 실행 흐름을 설계할 수 있다. 예를 들어 기업 블로그 포스트 작성의 경우 "전제 조건: 타깃 독자는 20~30대 직장인, 목적은 브랜드 친밀감 형성/주요 작업: SEO를 고려한 제목 3개 제안 후 최적의 제목 선택, 도입-본문-결론 구조로 본문 작성, 독자 참여를 유도하는 질문으로 마무리/후속 조치: 관련 태그 5개 제안, SNS 공유용 요약문 작성"과 같이 체계적으로 접근할 수 있다.

지시형 프롬프트에서 주의할 점은 너무 세밀한 지시보다는 큰 방향성을 제시하면서도 창의적 자유도를 보장하는 것이다. "매 문단마다 은유를 하나씩 넣어 줘"와 같은 과도한 지시는 오히려 자연스러운 글의 흐름을 방해할 수 있다. 대신 "은유나 비유를 적절히 활용하여 추상적인 개념을 구체적으로 표현해 줘"와 같이 목적과 방향을 제시하는 것이 좋다.

3) 창작형 프롬프트

창작형 프롬프트는 모델의 생성적 능력을 최대화하여 새로운 콘텐츠를 창출하는 데 중점을 둔다. 글쓰기에서 창작형 프롬프트는 순수 창작의 영역에서 가장 중요한 역할을 한다. 효과적인 창작형 프롬프트는 창의적 제약 이론을 활용하여 완전한 자유를 주기보다는 전략적 제한을 두어 창의성을 촉진한다.

일반적 창작 요청: "SF 소설을 써줘."
구체적 창작 지시: "2070년 화성 거주지를 배경으로 한 SF 로맨스 단편 소설을 작성해 줘. 주인공은 지구에서 온 젊은 생물학자이고, 화성에서 태어난 원주민과 사랑에 빠지는 이야기야. 두 행성 간의 문화적 차이와 중력 차이로 인한 신체적 차이를 장애 요소로 활용하고, 과학적 설정을 바탕으로 현실적인 문제들을 다뤄줘. 희망적이면서도 애절한 감정을 담아 3인칭 관찰자 시점으로 4,000자 내외로 작성해 줘."

창작형 프롬프트에서 핵심은 생성의 매개변수를 설정하고 영감의 원천을 제공하는 것이다. 장르, 스타일, 톤, 주제적 요소, 구조적 패턴 등을 지정하여 창의적 생성의 방향성을 설정할 수 있다. 예를 들어 "마법 리얼리즘 기법을 활용하여 일상적인 현실 속에 초현실적 요소를 자연스럽게 배치하고, 라틴 아메리카 문학의 영향을 받은 문체로 써줘"와 같이 구체적인 창작 지침이 독특하고 개성 있는 작품을 만들어낸다.

창작형 프롬프트에서는 또한 문학적 장치나 기법에 대한 요구도 포함할 수 있다. "복선과 암시를 통해 결말을 예고하되 독자가 쉽게 눈치채지 못하도록 써줘", "대화를 통해 인물의 과거를 점진적으로 드러내며", "색채 이미지를 일관되게 사용하여 주제 의식을 강화해 줘" 등의 구체적인 기법 요청은 더욱 정교한 작품을 만들어낸다.

4) 대화형 프롬프트

대화형 프롬프트는 다중 턴 상호작용을 위한 프레임워크를 설정한다. 글쓰기에서 대화형 프롬프트는 긴 분량의 작품을 단계별로 창작하거나 창작 과정에서 지속적인 피드백과 수정을 받을 때 유용하다. 대화 맥락의 연속성과 일관성 유지가 핵심이다.

초기 설정 예시: "너는 경험이 풍부한 소설 창작 코치야. 나는 첫 소설을 쓰려고 하는 초보 작가이고, 단계별로 조언을 받으면서 작품을 완성하고 싶어. 다음과 같은 방식으로 도와줘: 1) 먼저 내가 쓰고 싶은 소설의 개요를 듣고 구체적인 질문으로 아이디어를 발전시켜 줘 2) 인물, 배경, 플롯 등을 단계별로 함께 설계해 줘 3) 각 장을 쓸 때마다 피드백을 주고 다음 단계를 제안해 줘. 격려와 건설적 비판을 균형 있게 제공하는 따뜻하면서도 전문적인 톤으로 대화해 줘."

대화형 프롬프트에서 중요한 것은 페르소나 일관성이다. 설정된 역할이 여러 턴에 걸쳐 일관되게 유지되어야 하며, 이전 대화 내용을 기억하고 참조할 수 있어야 한다. 예를 들어 소설 창작 코치 역할을 설정했다면 매 대화에서 작가적 관점을 유지하고, 이전에 논의했던 작품의 설정이나 인물을 계속 참조해야 한다.

대화형 프롬프트의 또 다른 활용법은 인터뷰 형식의 글쓰기다. "당신은 조선 시대 선비입니다. 현대인인 제가 당시의 문화와 생활에 대해 질문하면 그 시대 사람의 관점에서 자연스럽게 답변해 주세요. 당시의 언어 표현과 사고방식을 반영하여 대화해 주세요"와 같은 설정을 통해 역사적 인물과의 가상 인터뷰 형식의 글을 작성할 수 있다.

5) 분석형 프롬프트

분석형 프롬프트는 데이터 해석, 패턴 인식, 비판적 평가를 위한 체계적 접근법을 제공한다. 글쓰기에서 분석형 프롬프트는 작품 분석, 문학 비평, 글쓰기 기법 연구 등에 활용되며 분석 프레임워크와 평가 기준을 명시하는 것이 중요하다.

분석 프레임워크 예시: "다음 단편소설을 문학적 관점에서 종합 분석해 줘: 1) 서사 구조 분석 – 플롯의 전개 방식, 갈등 구조, 시점과 화자의 역할 2) 인물 분석 – 주요 인물들의 성격과 변화, 인물 간 관계, 인물 묘사 기법 3) 주제 의식 – 작가가 전달하고자 하는 메시지, 사회적/철학적 함의 4) 문체와 표현 기법 – 언어 사용의 특징, 문학적 장치 활용, 분위기 연출 방법 5) 문학사적 의의 – 해당 시대 문학 경향과의 관계, 작가의 다른 작품과 비교"

분석형 프롬프트에서는 객관성과 체계성이 핵심이다. 개인적 취향이나 주관적 판단보다는 구체적인 텍스트 근거를 바탕으로 한 분석을 요구해야 한다. "작품에서 직접 인용하며 분석해 줘", "구체적인 장면이나 표현을 예로 들어 설명해 줘"와 같은 조건을 추가하면 더욱 설득력 있는 분석을 얻을 수 있다.

분석형 프롬프트는 또한 창작 기법 연구에도 활용된다. "성공적인 추리 소설 10편을 분석하여 독자의 관심을 끝까지 유지하는 공통적인 기법들을 도출해 줘"와 같은 요청을 통해 실용적인 글쓰기 지침을 얻을 수 있다. 이때는 "각 기법에 대해 구체적인 예시 작품과 장면을 제시하고 해당 기법이 효과적인 이유를 설명해 줘"라는 조건을 추가하면 더욱 실용적인 정보를 얻을 수 있다.

분석형 프롬프트에서 중요한 것은 다각적 분석을 유도하는 것이다. 하나의 관점만으로는 작품의 복합적인 면모를 파악하기 어렵기 때문에 여러 이론적 렌즈나 분석 틀을 적용하도록 요청해야 한다. 예를 들어 "페미니즘 비평, 정신분석학적 접근, 사회학적 관점에서 각각 이 작품을 분석하고 각 관점에서 드러나는 서로 다른 해석 가능성을 제시해 줘"와 같이 다층적 분석을 요구할 수 있다.

4
프롬프트 최적화 기법

1) 단계적 사고 유도

단계적 사고 유도는 모델의 추론 과정을 분해하여 복잡한 문제를 순차적으로 해결하도록 안내하는 기법이다. 글쓰기에서 이 기법은 특히 복잡한 창작 과정이나 논리적 글쓰기에서 매우 유용하다. "천천히 단계별로 생각해 보세요"와 같은 메타인지적 프롬프트가 효과적이다.

적용 예시: "소설의 갈등 구조를 단계별로 설계해 줘: 1) 주인공의 현재 상태와 욕구를 명확히 정의 2) 그 욕구를 방해하는 내적/외적 장애물들을 구체적으로 설정 3) 갈등이 점진적으로 심화되는 3~4단계의 전개 과정을 설계 4) 갈등이 최고조에 달하는 클라이맥스 상황을 구체화 5) 갈등 해결 과정과 그로 인한 주인공의 변화를 명시 6) 전체 갈등 구조가 주제 의식과 어떻게 연결되는지 설명"

이 방법은 특히 복잡한 플롯 구성, 논문 작성, 인물 관계 설정 등에서 오류를 크게 줄여준다. AI가 중간 과정을 명시적으로 보여주므로 작가가 검토하고 수정하기도 쉬워진다. 또한 각 단계에서 작가가 개입하여 방향을 조정할 수 있어 더욱 세밀한 창작이 가능하다.

단계적 사고 유도는 논문이나 보고서 같은 논리적 글쓰기에서도 매우 효과적이다. "논증문을 다음 순서로 체계적으로 작성해 줘: 1) 논제를 명확하게 정의하고 왜 이 문제가 중요한지 제시 2) 주장을 뒷받침하는 3가지 핵심 근거를 논리적 강도 순으로 배열 3) 각 근거에 대해 구체적인 사례와 데이터로 입증 4) 반대 의견을 제시하고 그에 대한 반박 논리 전개 5) 전체 논증을 종합하여 결론 도출"과 같이 적용할 수 있다.

이 기법을 사용할 때 주의할 점은 각 단계가 너무 기계적이 되지 않도록 하는 것이다. 창작의 자연스러운 흐름을 해치지 않으면서도 체계성을 확보하는 균형이 중요하다. 또한 모든 글쓰기에 단계적 접근이 필요한 것은 아니므로 작품의 성격과 목적에 따라 선택적으로 활용해야 한다.

2) 예시 제공

예시 제공 기법은 모델에게 구체적인 입출력 쌍을 제시함으로써 희망하는 창작 패턴을 학습시킨다. 글쓰기에서는 특정 문체나 스타일, 구조를 학습시킬 때 매우 효과적이다. 다양하고 질 좋은 예시가 핵심이다.

글쓰기 예시 제공 방법

다음과 같은 스타일로 인물 묘사를 작성해 줘:

예시 1: "그녀는 커피잔을 두 손으로 감싸 쥐고 있었다. 김이 모락모락 올라오는 것을 바라보는 눈빛에는 어떤 그리움이 서려 있었다. 입술을 살짝 깨물고 있는 모습이 마치 하고 싶은 말을 억누르고 있는 것 같았다. 가을볕이 창문을 통해 들어와 그녀의 어깨를 비추고 있었지만 그 빛마저도 그녀의 쓸쓸함을 지워주지는 못하는 듯했다."

예시 2: "그는 계단을 오를 때마다 숨이 가빠왔다. 20대였다면 이 정도 계단은 아무것도 아니었을 텐데. 손잡이를 꽉 잡은 손에 푸른 핏줄이 도드라져 보였다. 시간이 이렇게 빨리 흘러가는 줄 몰랐다. 아니, 알고 있었지만 인정하고 싶지 않았을 뿐이다."

이제 이 스타일로 다음 인물을 묘사해 줘: "버스 정류장에서 기다리고 있는 고등학생"

좋은 예시는 입력과 출력 간의 변환 규칙을 명확히 보여주고, 창의성과 일관성의 균형을 잡아준다. 위의 예시에서는 '외적 행동 → 내적 감정 암시 → 환경적 요소 → 철학적 사유'라는 일관된 패턴을 보여준다. 이런 패턴을 학습한 AI는 비슷한 구조로 새로운 인물 묘사를 만들어낼 수 있다.

예시 제공 기법은 특정 장르의 특징적 요소를 학습시킬 때도 유용하다. 예를 들어 추리 소설의 단서 제시 방법, 로맨스 소설의 감정 표현, SF 소설의 설정 묘사 등을 구체적인 예시를 통해 학습시킬 수 있다. 각 장르마다 2~3개의 대표적인 예시를 제공하면 해당 장르의 문법을 효과적으로 학습할 수 있다.

예시 제공에서 중요한 것은 예시의 다양성이다. 너무 비슷한 예시들만 제공하면 AI가 표면적인 특징만 학습하여 획일적인 결과물을 만들어낼 수 있다. 따라서 같은 스타일이나 기법 안에서도 다양한 상황과 내용을 담은 예시들을 제공해야 한다. 또한 예시의 품질이 결과물의 품질을 결정하므로, 뛰어난 작품에서 가져온 예시를 사용하는 것이 좋다.

3) 제로샷/원샷/퓨샷Few-Shot 학습

예시의 개수에 따라 모델의 작업 이해 방식을 조정하는 기법이다. 글쓰기에서는 작업의 복잡성과 요구되는 정확도에 따라 적절한 방법을 선택해야 한다.

제로샷(예시 없음): 간단하고 일반적인 글쓰기 작업에 적합
"일상의 소소한 행복을 주제로 한 수필을 1,000자 내외로 작성해 줘. 개인적 경험을 바탕으로 하되 독자가 공감할 수 있는 보편적 메시지를 담아줘."

원샷(1개 예시): 특정 형식이나 스타일 학습에 적합
"다음 예시와 같은 형식으로 도서 리뷰를 써줘: [예시: 책 제목, 별점, 한 줄 요약, 인상 깊은 구절, 추천 대상, 개인적 감상] 이제 '미움받을 용기'에 대한 리뷰를 같은 형식으로 작성해 줘."

퓨샷(2~5개 예시): 복잡한 패턴 학습이나 높은 정확도가 필요한 작업에 적합

"다음 3개의 예시를 참고하여 같은 스타일의 단편소설 첫 문단을 작성해 줘: [예시 1: 일상에서 시작하여 점차 비현실적 요소 도입] [예시 2: 화자의 독백으로 시작하여 과거 회상으로 전환] [예시 3: 대화로 시작하여 인물 관계와 갈등 암시]"

예시가 많을수록 좋은 것은 아니다. 너무 많으면 프롬프트가 길어져서 오히려 성능이 떨어질 수 있으므로 작업에 맞는 적정 수준을 찾는 것이 중요하다. 일반적으로 창작 분야에서는 2~3개의 예시가 적당하며, 기술적이거나 형식적인 글쓰기에서는 1개의 명확한 예시만으로도 충분한 경우가 많다.

퓨샷 학습에서는 예시 간의 다양성과 예외적 사례 포함이 중요하다. 예를 들어 인물 대화 작성 기법을 학습시킬 때는 "격식적인 대화", "친밀한 대화", "갈등 상황의 대화" 등 다양한 상황의 예시를 제공해야 AI가 상황에 맞는 적절한 대화를 만들어낼 수 있다.

4) 체인 오브 소트 Chain of Thought

모델이 최종 결론에 도달하기 전에 중간 추론 단계를 명시적으로 생성하도록 유도하는 고급 추론 기법이다. 글쓰기에서는 복잡한 창작 과정을 투명하게 만들어 더욱 논리적이고 체계적인 작품을 만들어낸다.

활용 예시: "다음과 같은 사고 과정을 거쳐 단편소설을 구성해 줘: 1) 먼저 전달하고 싶은 주제 의식을 명확히 정의 2) 그 주제를 효과적으로 드

러낼 수 있는 갈등 상황을 설계 3) 갈등을 체험할 주인공의 성격과 배경을 설정 4) 갈등이 발생하고 심화되는 구체적인 사건들을 배열 5) 주제의식이 자연스럽게 드러나는 결말을 구상 6) 각 장면에서 사용할 문학적 기법들을 선택 7) 전체 구성을 검토하고 완성된 소설을 작성"

이 기법은 복잡한 추론이 필요한 창작 문제에서 정확도를 크게 향상한다. 특히 논리적 일관성이 중요한 추리 소설, SF 소설, 또는 철학적 주제를 다루는 작품에서 매우 효과적이다. AI가 각 단계별 사고 과정을 보여주므로 작가는 어느 단계에서 수정이 필요한지 쉽게 파악할 수 있다.

체인 오브 소트는 비평문이나 분석글 작성에서도 유용하다.

적용 방법: "이 작품을 분석하는 과정을 단계별로 보여줘: 1) 첫 인상과 전체적 느낌 기록 2) 작품의 구조와 형식적 특징 파악 3) 주요 주제와 메시지 추출 4) 문학적 기법과 표현 방식 분석 5) 문학사적 맥락에서의 위치 고려 6) 개인적 해석과 평가 제시 7) 종합적 결론 도출"

이 기법의 변형으로는 "트리 오브 소트 여러 가능성을 동시에 탐색", "그래프 오브 소트 복잡한 관계망 고려" 등이 있다. 예를 들어, 복잡한 인물 관계가 얽힌 소설을 쓸 때는 트리 오브 소트를 활용하여 여러 가지 관계 설정 가능성을 동시에 탐색한 후 최적의 구성을 선택할 수 있다.

5) 자기 일관성 Self-Consistency

동일한 창작 과제에 대해 여러 번 다른 방식으로 접근한 후 가장 일관되고 우수한 결과를 선택하는 기법이다. 글쓰기에서는 높은 품질이 요구되는 중요한 작품이나 다양한 관점이 필요한 복합적 주제에서 특히 유용하다.

적용 방법: "이 소설의 결말을 세 가지 다른 접근법으로 작성해 보고 각각의 장단점을 비교해서 가장 효과적인 결말을 제시해 줘: 1) 해피엔딩 - 갈등이 완전히 해결되고 주인공이 성장하는 결말 2) 오픈엔딩 - 독자의 상상에 여지를 남기는 열린 결말 3) 트위스트 엔딩 - 예상을 뒤엎는 반전이 있는 결말. 각 결말의 주제 적합성, 독자 만족도, 문학적 효과를 분석한 후 최종 추천안을 제시해 줘."

이 방법은 창작 과정에서 발생하는 우발적 오류나 편향을 완화하고 작품의 완성도를 높인다. 특히 중요한 장면이나 핵심 메시지를 전달하는 부분에서 여러 가지 접근을 시도해 볼 수 있어 최적의 표현을 찾을 수 있다.

자기 일관성 구현에서 중요한 것은 다양한 시작점이나 접근법을 명시적으로 요청하고 각 접근법의 타당성을 객관적 기준으로 평가한 후 통합하는 과정이다. 이를 통해 단일 접근법의 한계를 극복하고 더욱 완성도 높은 작품을 만들어낼 수 있다.

5
프롬프트 작성 시 주의 사항

1) 모호성 피하기

언어적 모호성은 프롬프트 효과성의 주요 장애물이다. 글쓰기에서 모호성은 어휘적, 구문적, 의미적, 화용적 차원에서 발생할 수 있으며, 이는 AI가 작가의 의도와 다른 방향으로 창작하게 만들 수 있다. 특히 창작 분야에서는 미묘한 뉘앙스 차이가 작품의 성격을 완전히 바꿀 수 있으므로 더욱 주의가 필요하다.

모호한 예: "감동적인 이야기를 써줘."

명확한 예: "가족 간의 화해를 다룬 감동적인 단편소설을 작성해 줘. 주인공은 20년간 연락하지 않던 아버지와 우연히 재회하고, 서로의 오해를 풀어가는 과정에서 진정한 가족애를 깨닫는 내용이야. 독자가 읽고 나서 자신의 가족에 대해 다시 생각해 보게 되는 따뜻한 감동을 주도록 써줘. 현실적인 갈등과 자연스러운 해결 과정을 통해 진부하지 않은 감동을 연출해 줘."

어휘적 모호성을 피하기 위해서는 "좋은", "멋진", "적절한" 같은 주관적 표현 대신 구체적인 기준을 제시해야 한다. 예를 들어 "좋은 대화를 써줘"보다는 "인물의 성격을 드러내면서도 플롯을 진전시키는 자연스러운 대화를 써줘"라고 하는 것이 좋다. 구문적 모호성을 피하기 위해서는 수식 관계를 명확히 해야 한다. "재미있고 의미 있는 소설"이 아니라 "재미있으면서도 깊이 있는 의미를 담은 소설"로 명확히 해야 한다.

2) 과도한 정보 지양

정보 과부하는 모델의 어텐션 메커니즘을 분산시키고 중요한 지시를 희석시킬 수 있다. 글쓰기에서는 창작에 직접적으로 필요한 핵심 정보만 선별하여 제공하고 계층적 정보 구조화를 통해 중요도에 따라 정보를 배치해야 한다.

정보 과부하 예시: "19세기 말 조선의 정치적 상황과 사회적 변화, 서구 문물의 유입과 전통 사상의 갈등, 계급 제도의 변화와 민중의 삶의 변화, 교육 제도의 변화와 신문물에 대한 인식 변화, 여성의 지위 변화와 가족 제도의 변화 등을 모두 반영하여 그 시대를 배경으로 한 역사 소설을 써줘. 주인공은 몰락한 양반 가문의 후손으로 신교육을 받았으며…"

적절한 정보량 예시: "19세기 말 조선을 배경으로 한 역사 소설을 써줘. 핵심 배경: 전통과 근대의 갈등이 심화되던 시기. 주인공: 몰락 양반 가문 출신으로 신교육을 받은 20대 청년. 중심 갈등: 전통적 가치와 새로운 사상 사이에서의 고민. 주제: 변화하는 시대에 적응하며 자신만의 길

을 찾아가는 성장 이야기."

정보의 우선순위를 정하여 핵심 정보는 앞에, 부가 정보는 뒤에 배치하는 것이 좋다. 또한 MECE Mutually Exclusive, Collectively Exhaustive 원칙에 따라 정보를 조직하여 중복이나 누락을 방지해야 한다. 복잡한 프롬프트는 섹션으로 나누어 '기본 설정', '인물 정보', '플롯 요구 사항', '문체 지침' 등으로 구조화할 수 있다.

글쓰기에서 특히 주의해야 할 것은 불필요한 배경 설명이나 관련 없는 세부 사항을 제거하는 것이다. 예를 들어, 현대 로맨스 소설을 요청하면서 조선 시대 혼인 제도에 대한 설명을 길게 하는 것은 불필요하다. 그 대신 현재 연애 문화나 현대인의 사랑 관념 등 직접적으로 관련된 맥락만 제공해야 한다.

정보 제공에서 또 하나 중요한 점은 정보의 신뢰성이다. 잘못된 역사적 사실이나 부정확한 전문 지식을 제공하면 작품의 신뢰성에 문제가 생긴다. 따라서 확실하지 않은 정보는 제공하지 않거나, "대략적으로", "일반적으로" 등의 한정어를 사용해야 한다.

3) 부정적 지시문 주의

부정적 지시문은 역설적으로 모델의 주의를 금지된 내용에 집중시키는 역효과를 일으킬 수 있다. 글쓰기에서는 특히 창작의 자유로운 흐름을 방해할 수 있으므로 긍정적 프레이밍을 사용하는 것이 좋다.

부정적 지시: "뻔한 스토리를 쓰지 마세요."

긍정적 지시: "독창적이고 예상치 못한 전개로 독자를 놀라게 하는 스토리를 써줘."

부정적 지시: "너무 길게 쓰지 마세요."

긍정적 지시: "핵심적인 내용만 간결하게 담아 2,000자 내외로 작성해 줘."

부정적 지시: "진부한 표현을 사용하지 마세요."

긍정적 지시: "참신하고 감각적인 표현으로 독자의 상상력을 자극해 줘."

부정적 지시문의 문제는 AI가 부정문을 처리할 때 먼저 부정될 개념을 활성화한 후 억제해야 하므로 잠재적으로 부정된 내용이 출력에 영향을 미칠 수 있다는 점이다. 예를 들어, "슬픈 이야기를 쓰지 마세요"라고 하면 AI는 먼저 "슬픈 이야기"라는 개념을 떠올린 후 이를 피하려고 하므로 오히려 슬픈 요소가 무의식적으로 포함될 수 있다.

글쓰기에서 부정적 지시를 피해야 하는 또 다른 이유는 창작의 자율성과 창의성을 보장하기 위해서다. 너무 많은 금지 사항이 있으면 AI가 소극적으로 창작하게 되어 밋밋하고 개성 없는 작품이 나올 수 있다. 그 대신 원하는 방향성과 목표를 적극적으로 제시하면 더욱 생동감 있고 매력적인 작품을 만들어낼 수 있다.

4) 단일 목적 유지

프롬프트의 목적 일관성은 모델의 작업 집중도와 출력 품질에 직접적인 영향을 미친다. 글쓰기에서 다중 목적 프롬프트는 목표 간 간섭과 작업 전환 비용을 발생시켜 결과물의 일관성과 완전성을 저하시킬 수 있다.

다중 목적(비추천): "이 시나리오를 바탕으로 단편소설도 쓰고 동시에 영화 각본으로도 변환하고 마케팅용 카피도 만들어줘."
단일 목적(추천): 1차: "이 시나리오를 바탕으로 단편소설을 완성해 줘." 2차: "완성된 단편소설을 영화 각본 형식으로 각색해 줘." 3차: "각본을 바탕으로 관객의 관심을 끌 수 있는 마케팅 카피를 작성해 줘."

복잡한 창작 요청은 단일 기능 모듈로 분해하고 순차적 처리를 통해 하나의 작업이 완료된 후 다음 작업으로 진행하는 것이 효과적이다. 이렇게 하면 각 단계에서 최선의 결과를 얻을 수 있고, 필요에 따라 중간 단계에서 수정이나 조정도 가능하다.

특히 분석과 생성, 요약과 확장, 객관적 평가와 창의적 해석과 같이 인지적으로 상충되는 작업은 반드시 분리해야 한다. 예를 들어, "이 소설을 분석하면서 동시에 비슷한 스타일의 새로운 소설을 써줘"라고 하면 분석적 사고와 창작적 사고가 충돌하여 둘 다 제대로 이루어지지 않을 수 있다.

글쓰기에서 단일 목적 원칙이 특히 중요한 이유는 창작 과정에서 필요한 집중력과 몰입감 때문이다. 여러 가지 목적을 동시에 추구하면 창작의 흐름이 끊어지고 산만한 결과물이 나올 수 있다. 그 대신 하나의 명확한 목적에 집중하면 더욱 완성도 높고 일관성 있는 작품을 만들어낼 수 있다.

단일 목적을 유지하면서도 복합적인 요구 사항을 처리하려면 우선순위를 정하는 것이 좋다. 예를 들어, "교육적 효과와 재미를 모두 갖춘 동화"를 요청할 때는 "먼저 재미있는 스토리를 완성한 후, 그 안에 자연스럽게 교육적 메시지를 녹여내는" 방식으로 순서를 정할 수 있다.

5) 인지적 편향 주의

프롬프트 내의 인지적 편향은 모델의 출력에 잠재적 왜곡을 초래할 수 있다. 글쓰기에서는 특히 주제 선택, 인물 설정, 갈등 구조, 가치관 표현 등에서 편향이 나타날 수 있으므로 중립적이고 균형 잡힌 관점을 유지해야 한다.

주요 편향으로는 확증 편향자신의 기존 믿음을 뒷받침하는 내용만 선호, 앵커링 효과처음 제시된 정보에 과도하게 의존, 가용성 편향쉽게 떠오르는 정보에만 의존, 프레이밍 효과표현 방식에 따라 인식 변화 등이 있다.

편향된 프롬프트: "현대 사회의 문제점들을 고발하는 소설을 써줘."

균형 잡힌 프롬프트: "현대 사회의 복잡한 면모를 다각도로 조명하는 소설을 써줘. 문제점뿐만 아니라 긍정적 변화와 희망적 요소도 함께 그려내어 독자가 균형 잡힌 시각을 가질 수 있도록 해줘."

편향된 프롬프트: "여성이 남성보다 뛰어나다는 것을 보여주는 이야기를 써줘."

균형 잡힌 프롬프트: "성별에 관계없이 개인의 능력과 노력이 중요하다는 메시지를 담은 이야기를 써줘. 다양한 인물의 강점과 약점을 공정하게 그려내어 성별 고정관념을 극복하는 내용으로 써줘."

이러한 편향을 완화하기 위해서는 중립적 언어 사용, 균형 잡힌 관점 요청, 다각적 분석 프레임워크 제공, 반대 관점 고려 유도가 효과적이다. 특히 민감하거나 논쟁적인 주제에서는 스틸맨 접근법 Steelmanning approach을 통해 상반된 입장의 최강 버전을 공정하게 표현하도록 요청하는 것이 유용하다.

글쓰기에서 편향을 피하기 위한 구체적인 방법으로는 다음과 같은 것들이 있다. 첫째, 인물 설정에서 다양성을 확보한다. 성별, 연령, 직업, 사회적 배경 등에서 다양한 인물을 등장시켜 특정 집단에 대한 편견을 피한다. 둘째, 갈등 구조에서 선악 구조를 단순화하지 않는다. 복잡하고 현실적인 갈등을 설정하여 독자가 다양한 관점에서 생각해 볼 수 있도록 한다. 셋째, 사회적 이슈를 다룰 때는 여러 입장을 공정하게 제시한다. 한쪽 입장만 옳다고 단정하지 않고, 각 입장의 논리와 한계를 균형 있게 보여준다. 넷째, 개인적 경험이나 가치관을 일반화하지 않는다. 작가의 개인적 견해를 보편적 진리인 것처럼 표현하지 않도록 주의한다.

6
고급 프롬프트 전략

1) 메타 프롬프트

프롬프트 자체를 개선하고 최적화하는 재귀적 접근법이다. 글쓰기에서 메타 프롬프트는 창작 과정의 지속적인 개선과 작품 품질의 향상을 위한 강력한 도구가 된다. AI에게 더 나은 창작 지침을 설계하도록 요청하는 고급 기법이다.

메타 프롬프트 예시: "내가 작성한 다음 소설 창작 프롬프트를 분석하고 개선안을 제시해 줘: [기존 프롬프트]. 개선 시 고려할 점: 1) 창작 지시의 명확성과 구체성 2) 창의성을 촉진하는 요소들 3) 독자 몰입도를 높이는 장치들 4) 문학적 완성도를 위한 기법적 요구 사항 5) 실행 가능성과 현실성. 개선된 프롬프트와 함께 각 개선 사항의 이유도 설명해 줘."

메타 프롬프트는 글쓰기 실력을 향상하고 반복적으로 더 나은 결과를 얻을 수 있게 해준다. 특히 복잡하고 중요한 창작 프로젝트에서 프롬프트 품질을 극대화할 때 유용하다. 예를 들어 장편소설 창작을 위한 프롬프트를 설계할 때는 각 장별 프롬프트의 일관성, 전체 스토리 아크와의 연결성, 인물 발전의 자연스러움 등을 종합적으로 고려해야 한다.

메타 프롬프트의 또 다른 활용법은 장르별 특화 프롬프트 개발이다. "미스터리 소설 창작에 특화된 프롬프트 템플릿을 설계해 줘. 단서 배치, 긴장감 조성, 반전 요소, 추리 과정 등 미스터리 장르의 핵심 요소들을 효과적으로 구현할 수 있는 프롬프트 구조를 만들어줘"와 같은 요청을 통해 특정 장르에 최적화된 창작 도구를 개발할 수 있다.

메타 프롬프트는 또한 작품 피드백 시스템 구축에도 활용된다. "창작 작품에 대한 건설적 피드백을 제공하는 최적의 프롬프트를 설계해 줘. 작품의 강점을 인정하면서도 개선점을 구체적으로 제시하고, 작가의 창작 의욕을 높이는 피드백 구조를 만들어줘"와 같은 방식으로 지속적인 창작 발전을 위한 시스템을 구축할 수 있다.

메타 프롬프트 사용 시 주의할 점은 과도한 복잡성을 피하는 것이다. 프롬프트가 너무 정교해지면 오히려 창작의 자유로움을 해칠 수 있으므로 핵심적인 개선 요소들만 선별하여 적용해야 한다. 또한 개선된 프롬프트는 실제 창작에 적용해 보고 결과를 평가하여 지속적으로 다듬어가야 한다.

2) 반복적 개선

초기 창작물을 바탕으로 점진적으로 더 나은 결과물을 만들어가는 전략이다. 글쓰기에서는 첫 번째 초안이 완벽할 수 없다는 전제하에 체계적인 수정과 개선을 통해 작품의 완성도를 높여가는 과정이다.

반복 개선 과정 예시: 1차: "현대 직장인의 번아웃을 주제로 한 단편소설 초안을 작성해 줘." 2차: "1차 작품에서 주인공의 내적 갈등 부분을 더 구체적으로 심화시켜줘. 특히 일과 개인적 가치 사이의 충돌을 더 생생하게 묘사해 줘." 3차: "대화 부분을 다시 다듬어서 인물들의 성격이 더 잘 드러나도록 수정해 줘. 특히 주인공과 상사의 대화에서 권력 관계와 세대 갈등을 암시적으로 표현해 줘." 4차: "전체적인 분위기와 톤을 일관되게 조정하고 결말 부분에서 희망적 메시지가 자연스럽게 드러나도록 마무리해 줘."

각 단계에서 구체적인 피드백을 제공하고 이전 버전의 장점은 유지하면서 약점만 개선하도록 지시하는 것이 핵심이다. 이 과정에서 중요한 것은 개선 목표를 명확히 하는 것이다. "더 좋게 써줘"가 아니라 "독자의 공감대를 높이기 위해 주인공의 감정을 더 구체적으로 묘사해 줘"와 같이 구체적인 개선 방향을 제시해야 한다.

반복적 개선 과정에서 주의할 점은 과도한 수정으로 인해 작품의 원래 매력이나 개성이 사라지지 않도록 하는 것이다. 각 수정 단계에서 '이전 버전의 어떤 요소들을 반드시 유지해야 하는지'를 명시하여 핵심 가치가 훼손되지 않도록 해야 한다. 또한 무한정 수정을 반복하지 않도록 명확한 완성 기준을 설정하는 것도 중요하다.

3) 다중 단계 프롬프트

복잡한 창작 작업을 순차적 하위 작업으로 분해하여 체계적으로 접근하는 전략이다. 글쓰기에서는 창작 과정의 각 단계를 명확히 구분하고 순서대로 진행함으로써 더욱 완성도 높은 작품을 만들어낼 수 있다. 각 단계는 명확한 입출력 관계를 가지며 이전 단계의 출력이 다음 단계의 입력으로 사용된다.

소설 창작을 위한 다중 단계 프롬프트 예시

1단계 - 기획과 설정: "SF 로맨스 소설을 위한 기본 설정을 구축해 줘: 1) 시간적 배경미래의 구체적 연도와 기술 수준, 2) 공간적 배경행성, 도시, 주요 장소들, 3) 사회적 배경정치 체제, 사회 구조, 주요 갈등, 4) 과학기술적 요소핵심 기술과 그것이 일상에 미치는 영향. 각 설정이 로맨스 스토리와 어떻게 연결될 수 있는지도 제시해 줘."

2단계 - 인물 설정: "1단계에서 설정한 배경을 바탕으로 주요 인물들을 설계해 줘: 1) 주인공 남녀 각각의 구체적 프로필나이, 직업, 성격, 과거사, 현재 상황 2) 두 인물 간의 만남과 갈등 요소 3) 조연 인물들과 그들의 역할 4) 각 인물이 가진 내적 갈등과 성장 가능성. 인물들 간의 관계도도 함께 제시해 줘."

3단계 - 플롯 구성: "앞서 설정한 배경과 인물들을 바탕으로 전체 스토리 플롯을 구성해 줘: 1) 발단두 주인공의 만남과 첫인상 2) 전개관계 발전과 장애물 등장 3) 위기갈등 최고조와 이별 위기 4) 절정결정적 선택의 순간 5) 결말갈등 해결과 관계 완성. 각 단계별로 2~3개의 핵심 장면을 제시해 줘."

4단계 - 세부 장면 작성: "3단계에서 구성한 플롯의 첫 번째 핵심 장면을 구체적으로 작성해 줘. 장면의 목적, 인물들의 행동과 대화, 감정 변화, 복선이나 암시 요소들을 모두 포함하여 1,500자 내외로 써줘. SF적 설정과 로맨스적 요소가 자연스럽게 어우러지도록 해줘."

5단계 – 전체 통합과 완성: "지금까지의 모든 단계를 종합하여 완성된 단편소설을 작성해 줘. 각 장면 간의 연결성, 전체적인 흐름, 주제 의식의 일관성을 확보하고, SF와 로맨스 장르의 특성을 모두 살린 완성도 높은 작품으로 마무리해 줘."

다중 단계 프롬프트의 장점은 복잡한 창작 과정을 체계적으로 관리할 수 있다는 것이다. 각 단계별로 집중해야 할 요소가 명확하므로 놓치기 쉬운 부분들을 체계적으로 챙길 수 있다. 또한 중간 단계에서 문제가 발견되면 해당 단계로 돌아가서 수정할 수 있어 효율적이다.

논문이나 보고서 작성에서도 다중 단계 접근이 매우 유용하다. "1단계: 주제 분석과 연구 질문 설정, 2단계: 문헌 조사와 이론적 배경 정리, 3단계: 연구 방법론 설계, 4단계: 데이터 분석과 결과 정리, 5단계: 논의와 결론 도출, 6단계: 전체 논문 구성과 완성"과 같이 진행할 수 있다.

다중 단계 프롬프트에서 중요한 것은 단계 간 전환 규칙과 중간 결과 검증 메커니즘이다. 각 단계가 독립적으로 수행 가능하면서도 전체 작업 흐름에 통합되어야 하며 단계별 맥락 유지와 일관성 확보가 중요하다. 또한 너무 많은 단계로 나누면 오히려 복잡해질 수 있으므로 작업의 성격에 맞는 적절한 단계 수를 선택해야 한다.

4) 자기 평가 유도

모델이 자신의 창작물을 비판적으로 검토하고 평가하도록 하는 메타인지적 전략이다. 글쓰기에서는 AI가 스스로 작품의 강점과 약점을 파악하고 개선 방향을 제시하도록 함으로써 더욱 완성도 높은 결과물을 얻을 수 있다. 이는 모델의 자가 모니터링과 오류 감지 능력을 활용하는 고급 기법이다.

자기 평가 프롬프트 예시: "방금 작성한 단편소설을 다음 기준에 따라 자가 평가해 줘:

1) 스토리텔링 측면:
- 플롯의 논리적 일관성과 개연성은 충분한가?
- 갈등 구조가 명확하고 흥미롭게 설정되었는가?
- 클라이맥스와 결말이 만족스럽게 구성되었는가?

2) 인물 묘사 측면:
- 주인공과 조연들의 성격이 생동감 있게 그려졌는가?
- 인물들의 행동과 대화가 각자의 성격에 부합하는가?
- 인물들의 성장이나 변화가 자연스럽게 나타났는가?

3) 문체와 표현 측면:
- 문장의 리듬감과 가독성이 적절한가?
- 감정 표현이 과도하지 않으면서도 충분히 전달되는가?
- 문학적 장치(은유, 상징 등)가 효과적으로 사용되었는가?

4) 주제 의식 측면:
- 전달하고자 하는 메시지가 명확하게 드러나는가?

- 주제가 설교적이지 않으면서도 깊이 있게 다뤄졌는가?
- 독자에게 생각할 거리를 충분히 제공하는가?

각 항목별로 점수 1~10점를 매기고 구체적인 개선점과 그 이유를 제시해 줘. 특히 가장 약한 부분을 우선적으로 수정할 수 있는 구체적인 방안을 제안해 줘."

자기 평가 유도의 핵심은 객관적이고 구체적인 평가 기준을 제시하는 것이다. 막연한 "좋다/나쁘다"가 아니라 측정 가능한 기준들을 제공하여 AI가 체계적으로 자가 진단할 수 있도록 해야 한다. 예를 들어, "독자 몰입도"를 평가할 때는 "첫 문단에서 독자의 관심을 끌 수 있는가?", "중간에 지루한 부분은 없는가?", "결말까지 긴장감이 유지되는가?" 등의 구체적 질문으로 세분화할 수 있다.

자기 평가는 또한 장르별 특성을 고려해야 한다. 미스터리 소설의 경우 "단서의 공정성", "반전의 설득력", "추리 과정의 논리성" 등을 중점적으로 평가해야 하고, 로맨스 소설의 경우 "감정 발전의 자연스러움", "로맨틱한 분위기 연출", "독자의 감정 몰입도" 등을 주요 평가 기준으로 삼아야 한다.

"당신이 독자라면 이 작품을 어떻게 평가하겠는가?", "편집자의 입장에서 출간 가능성을 판단한다면?", "문학상 심사위원이라면 어떤 점을 높이 평가하거나 아쉬워할 것인가?" 등의 다양한 관점에서의 평가를 요청하면 더욱 다면적인 피드백을 얻을 수 있다.

자기 평가에서 중요한 것은 건설적 비판이다. 단순히 문제점만 지적하는 것이 아니라 개선 방향과 구체적인 수정 방안을 함께 제시하도록 해야 한다. '이 부분이 약하다'가 아니라 '이 부분을 이렇게 수정하면 더 효과적일 것이다'라는 식의 해결 중심적 피드백을 유도하는 것이 좋다.

5) 다양성 촉진

단일 관점이나 접근법을 넘어 다양한 해석과 해결책을 생성하도록 유도하는 전략이다. 글쓰기에서는 창의적 발산과 인지적 유연성을 증진시켜 더욱 풍부하고 독창적인 작품을 만들어낼 수 있다. 이는 특히 아이디어 발굴, 대안적 전개, 다각적 해석이 필요한 창작 상황에서 매우 유용하다.

다양성 촉진 예시 - 소설 결말 다양화: "다음 소설의 결말을 세 가지 완전히 다른 방향으로 작성해 줘:

1) 현실적 결말:
- 실제 현실에서 일어날 법한 자연스러운 결말
- 인물들의 성격과 상황에 가장 부합하는 선택
- 독자가 '그럴 수 있겠다'라고 수긍할 만한 전개

2) 이상적 결말:
- 모든 갈등이 완벽하게 해결되는 해피엔딩
- 인물들이 최고의 선택을 하여 최상의 결과를 얻는 전개
- 독자가 '이렇게 되었으면 좋겠다'라고 바라는 결말

3) 예상 외 결말:
- 독자의 예상을 완전히 뒤엎는 반전 있는 결말

- 지금까지의 이야기를 새로운 관점에서 재해석하게 만드는 전개
- 독자가 '전혀 생각하지 못했다'라고 놀랄 만한 결말

각 결말의 장단점을 분석하고, 전체 작품의 주제 의식과 가장 잘 어울리는 결말을 최종 추천해 줘."

다양성 촉진은 인물 설정에서도 매우 효과적이다. "같은 갈등 상황에서 다음 세 가지 성격의 주인공이 각각 어떻게 반응할지 보여줘: 1) 내향적이고 신중한 성격, 2) 외향적이고 즉흥적인 성격, 3) 분석적이고 완벽주의적인 성격. 각 성격에 따른 문제 해결 방식과 대화 스타일의 차이를 구체적으로 묘사해 줘"와 같이 활용할 수 있다.

문체 실험에서도 다양성 촉진을 적용할 수 있다. "같은 장면을 다음 세 가지 문체로 각각 써보고 비교해 줘: 1) 고전적이고 격조 높은 문체 2) 현대적이고 간결한 문체 3) 실험적이고 파격적인 문체. 각 문체가 독자에게 주는 느낌의 차이를 분석해 줘."

주제 접근에서도 다양성이 중요하다. "환경 보호라는 주제를 다음 세 가지 관점에서 각각 다뤄줘: 1) 개인적 차원 - 일상 속 작은 실천의 중요성 2) 사회적 차원 - 제도와 정책의 변화 필요성 3) 철학적 차원 - 인간과 자연의 관계에 대한 근본적 성찰. 각 관점에 맞는 스토리와 메시지 전달 방식을 보여줘."

다양성 촉진에서 중요한 것은 단순한 변주가 아닌 본질적으로 다른 접근법을 제시하는 것이다. 표면적인 차이가 아니라 사고방식, 가치관, 세계관의 차이에서 나오는 진정한 다양성을 추구해야 한다. 또한 다양한 선택지를 제시한 후에는 반드시 비교 분석을 통해 각각의 장

단점과 적합성을 평가하여 최적의 선택을 도출하는 것이 중요하다.

　다양성 촉진은 특히 창작자의 시야를 넓히고 고정관념에서 벗어나게 하는 데 매우 효과적이다. 평소 자신이 선호하는 스타일이나 접근법에만 의존하지 않고 다양한 가능성을 탐색함으로써 더욱 풍부하고 창의적인 작품을 만들어낼 수 있다. 이는 특히 복잡한 의사결정, 창의적 문제 해결, 다각도 분석이 필요한 창작 상황에서 그 진가를 발휘한다.

효과적인 챗GPT 사용을 위한
프롬프트 Q&A 20선

저자와 작가를 위한 챗GPT 프롬프트 작성 가이드를 Q&A 형식으로 준비했습니다. 이 가이드는 글쓰기 과정에서 챗GPT를 최대한 효율적으로 활용할 수 있도록 돕기 위한 20가지 핵심 질문과 답변으로 구성되어 있습니다.

1. 프롬프트는 존댓말로 작성하는 것이 좋을까요, 반말로 작성하는 것이 좋을까요?

    A: 존댓말과 반말 모두 챗GPT가 이해할 수 있으나 존댓말로 작성하는 것이 좋습니다. 존댓말은 명령이 더 명확하게 느껴지고 공식적인 지시 사항으로 인식되는 경향이 있습니다. 또한 나중에 프롬프트를 재검토할 때도 더 전문적으로 보입니다. 반말은 때로 너무 건성으로 보여 중요한 지시 사항으로 인식되지 않을 수 있습니다.

    🔍 예시:
    - 효과적: "다음 문단을 인문학적 관점에서 분석해 주세요."
    - 덜 효과적: "다음 문단 인문학적으로 분석해 줘."

    ---

2. 프롬프트에 어느 정도의 맥락과 배경 정보를 제공해야 할까요?

    A: 프롬프트에는 목적, 대상 독자, 맥락, 선호하는 스타일에 관한 명확한 정보를 포함하는 것이 좋습니다. 작업 중인 글의 종류(소

설, 에세이, 학술 논문 등)와 원하는 결과물에 대한 구체적인 설명을 추가하면 더욱 정확한 결과를 얻을 수 있습니다. 하지만 너무 길고 복잡한 설명은 AI가 핵심을 놓칠 수 있으므로 간결하면서도 포괄적인 정보를 제공하세요.

🔍 예시:

- 효과적: "나는 20대 대학생을 대상으로 하는 환경 관련 에세이를 작성 중입니다. 다음 단락에서 기후 변화의 경제적 영향을 설명하는 부분을 더 설득력 있게 만들어주세요."
- 덜 효과적: "이 부분 더 좋게 만들어줘."

---

3. 하나의 프롬프트에 여러 가지 요청을 포함해도 될까요?

A: 하나의 프롬프트에 너무 많은 요청을 포함하면 일부 지시 사항이 무시되거나 불완전하게 처리될 수 있습니다. 복잡한 작업은 단계별로 나누어 요청하는 것이 좋습니다. 여러 요청을 포함해야 한다면, 번호를 매기거나 글머리 기호를 사용하여 명확하게 구분하세요. 또한 가장 중요한 요청을 먼저 언급하는 것이 좋습니다.

🔍 예시:

- 효과적: "다음 소설 장면에 대해 세 가지 작업을 해주세요:
  1. 감정 묘사를 더 풍부하게 만들기
  2. 대화를 더 자연스럽게 수정하기
  3. 장면의 긴장감 강화하기"
- 덜 효과적: "이 장면의 감정 묘사와 대화를 수정하고 긴장감도 강화하고 캐릭터 설정도 바꾸고 배경도 더 자세히 묘사해 줘."

4. 예시를 제공하는 것이 도움이 될까요?

A: 예시를 제공하는 것은 매우 효과적입니다. 원하는 스타일, 톤, 형식의 예를 포함하면 챗GPT가 당신의 의도를 더 정확히 이해하고 유사한 결과물을 생성할 수 있습니다. "다음 예시와 비슷한 스타일로 작성해 주세요"라고 명시하는 것이 좋습니다. 특히 특정 작가의 스타일을 모방하거나 특정 장르의 관행을 따르고 싶을 때 유용합니다.

🔍 예시:

- 효과적: "다음은 내가 좋아하는 짧은 미스터리 소설의 도입부입니다. 이와 유사한 분위기와 톤으로 새로운 미스터리 소설의 도입부를 작성해 주세요: [예시 텍스트]"

5. 구체적인 단어 수나 형식을 지정하는 것이 좋을까요?

A: 예, 원하는 결과물의 길이, 형식, 구조를 명확하게 지정하는 것이 좋습니다. 단어 수, 문단 수, 특정 형식(예: 소제목 포함) 등을 구체적으로 요청하세요. 또한 원하는 포맷(마크다운, HTML 등)을 언급하면 더 유용한 결과물을 얻을 수 있습니다.

🔍 예시:

- 효과적: "약 500단어 분량의 블로그 포스트를 작성해 주세요. 3개의 소제목을 포함하고, 각 섹션은 2~3개의 문단으로 구성해 주세요. 마크다운 형식으로 작성해 주세요."
- 덜 효과적: "블로그 글 써줘."

6. 창의적인 아이디어나 새로운 관점을 얻기 위한 프롬프트는 어떻게 작성해야 할까요?

A: 열린 질문을 사용하고, 챗GPT에게 다양한 가능성을 탐색하도록 명시적으로 요청하세요. "다양한 관점에서", "창의적인 접근 방식으로", "일반적이지 않은 시각에서" 등의 표현을 사용합니다. 또한 기존 아이디어에 도전하거나 새로운 방향을 제시하도록 요청할 수 있습니다.

예시:

- 효과적: "기후 변화를 주제로 한 소설을 쓰고 있습니다. 기존 디스토피아적 접근이 아닌, 독창적이고 새로운 시각으로 이 주제를 다룰 수 있는 5가지 스토리 프레임워크를 제안해 주세요."

---

7. 프롬프트에 제한 사항이나 피해야 할 요소를 포함하는 것이 중요할까요?

A: 매우 중요합니다. 원하지 않는 요소나 접근 방식을 명확히 언급하면 더 정확한 결과를 얻을 수 있습니다. "~하지 마세요", "~를 피해주세요", "~없이 작성해 주세요" 등의 표현을 사용하여 제한 사항을 명시하세요. 특히 클리셰, 특정 트로프, 스포일러, 편향된 관점 등을 피하고 싶을 때 유용합니다.

예시:

- 효과적: "환경 보호에 관한 짧은 이야기를 작성해 주세요. 단, '세상의 종말' 시나리오나 도덕적 교훈을 직접적으로 설명하는 방식은 피해주세요."

8. 학술적 또는 논픽션 글쓰기에서 구조화된 논점을 개발하기 위한 프롬프트는 어떻게 작성해야 할까요?

A: 주제, 목적, 타깃 독자를 명확히 하고, 논리적 구조와 필요한 증거 유형을 명시하세요. 또한 반대 의견이나 대안적 관점을 포함할지 여부도 언급하는 것이 좋습니다.

🔍 예시:

- 효과적: "대학생을 위한 학술 에세이의 개요를 작성해 주세요. 주제는 '디지털 기술이 현대 문학 형식에 미치는 영향'입니다. 서론, 세 개의 주요 논점, 각 논점에 대한 2~3개의 하위 포인트, 그리고 결론을 포함해 주세요. 각 논점에는 어떤 종류의 증거가 필요할지도 제안해 주세요. 대안적 관점도 한 섹션에 포함해 주세요."

---

9. 편집과 교정을 위한 효과적인 프롬프트 구조는 무엇인가요?

A: 텍스트를 제시하고, 집중해야 할 특정 편집 측면(문법, 스타일, 일관성, 명확성 등)을 명시하세요. 수정 수준(경미한 교정부터 대대적인 개정까지)과 유지해야 할 중요한 요소도 언급하는 것이 좋습니다.

🔍 예시:

- 효과적: "다음 텍스트를 편집해 주세요. 문장 구조의 다양성을 향상하고, 불필요한 부사를 제거하며, 수동태를 능동태로 바꿔주세요. 원래 내용의 의미와 작가의 개성은 유지하되, 더 간결하고 명확하게 만들어주세요: [텍스트]"

10. 다양한 관점이나 스타일로 같은 내용을 다시 작성하도록 요청하는 방법은 무엇인가요?

A: 원본 텍스트를 제공하고, 원하는 다양한 관점이나 스타일을 구체적으로 나열하세요. 각 버전의 목적이나 타깃 독자도 명시하면 더 효과적입니다.

🔍 예시:

- 효과적: "다음 제품 설명을 세 가지 다른 스타일로 다시 작성해 주세요:
    1. 10대를 대상으로 한 활기차고 현대적인 스타일
    2. 50대 이상을 대상으로 한 정보 중심적이고 신뢰감 있는 스타일
    3. 환경 의식이 높은 소비자를 대상으로 한 지속 가능성을 강조하는 스타일 원본 텍스트: [텍스트]"

---

11. 특정 독자층을 대상으로 글을 조정하기 위한 프롬프트는 어떻게 작성해야 할까요?

A: 타깃 독자의 인구통계학적 특성, 지식 수준, 관심사, 욕구를 상세히 설명하세요. 독자가 글을 읽는 목적과 얻고자 하는 가치도 언급하면 더 효과적입니다.

🔍 예시:

- 효과적: "다음 금융 교육 콘텐츠를 20대 초반, 대학을 갓 졸업한 독자층을 위해 조정해 주세요. 이들은 학자금 대출이 있고, 저축을 시작하려 하지만 금융 지식이 제한적입니다. 실용적이

고 단계별 조언을 제공하고, 전문 용어는 간단히 설명해 주세요. 밀레니얼/Z세대 세대에게 친숙한 유머와 문화적 참조를 포함하되, 지나치게 가볍지 않게 유지해 주세요: [텍스트]"

---

12. 여러 차례의 수정과 반복 작업을 위한 프롬프트는 어떻게 구성해야 할까요?

    A: 첫 번째 프롬프트에서 전체 작업 계획과 단계별 접근 방식을 설명하세요. 초안을 생성한 후, 각 수정 단계에서 집중할 특정 측면을 명시하고 이전 버전에서 개선하고 싶은 부분을 구체적으로 언급하세요.

    🔍 예시:

    - 효과적: "나는 단편 소설 'Last Summer'의 첫 장을 작성 중입니다. 다음 세 단계로 작업을 진행하고 싶습니다:
      1. 먼저 주요 캐릭터와 설정을 소개하는 800단어 초안을 작성해 주세요.
      2. 다음으로 감각적 묘사와 환경 설정을 강화하는 데 집중해서 수정해 주세요.
      3. 마지막으로 캐릭터의 내적 독백을 추가하여 그의 동기와 불안을 더 깊이 탐색해 주세요. 시작해 볼까요?"

---

13. 어떤 형식의 프롬프트가 더 효과적인가요? 질문형, 명령형, 아니면 다른 형식이 있나요?

    A: 프롬프트 형식은 목적에 따라 달라질 수 있지만, 일반적으로

명령형이 가장 효과적입니다. "~해주세요"와 같은 명확한 지시는 AI가 정확히 무엇을 해야 하는지 이해하는 데 도움이 됩니다. 복잡한 작업의 경우, 맥락 설명 후 명령형 문장을 사용하는 혼합 형식이 좋습니다. 질문형은 정보를 얻거나 아이디어를 탐색할 때 유용하고, "당신은 [역할]입니다"와 같은 역할 설정 형식은 특정 관점이나 전문성을 끌어내는 데 효과적입니다.

🔍 예시:
- 명령형: "이 문단을 더 생동감 있게 재작성해 주세요."
- 질문형: "이 캐릭터가 위기 상황에서 보일 수 있는 반응은 어떤 것들이 있을까요?"
- 역할 설정: "당신은 19세기 고딕 소설 전문가입니다. 다음 장면에 고딕적 요소를 더 추가해 주세요."

---

14. 작가의 독특한 '목소리'를 유지하면서 챗GPT를 활용하는 방법은 무엇인가요?

A: 작가 자신의 문체 샘플을 제공하고, 챗GPT에게 그 스타일을 분석하도록 요청한 후, 이를 기반으로 작업하도록 지시하는 것이 효과적입니다. 또한 자신의 글쓰기에서 가장 중요한 특징(특정 어휘, 문장 구조, 리듬, 비유적 표현 등)을 명시적으로 언급하세요. 챗GPT를 조언자나 편집자로 활용하여 완전한 텍스트를 생성하기보다는 개선 사항이나 대안을 제안하도록 요청하는 것도 좋은 방법입니다.

🔍 예시:

- 효과적: "다음은 내 글쓰기 스타일의 예시입니다: [예시 텍스트]. 이 스타일의 주요 특징을 유지하면서, 다음 단락의 설명을 더 풍부하게 해주세요. 특히 짧은 문장과 감각적 묘사의 조합, 그리고 반어적 유머를 유지해 주세요."

---

15. 장르별 특성과 관행에 맞는 글쓰기를 위한 프롬프트는 어떻게 작성해야 할까요?

A: 특정 장르의 관행, 기대치, 구조적 요소를 명확히 언급하고, 가능하면 해당 장르의 성공적인 작품 예시를 참조하세요. 특정 장르의 요소(예: 로맨스의 만남-갈등-해결 구조, 미스터리의 단서 배치)를 구체적으로 요청하는 것이 좋습니다. 또한 독자의 기대를 충족하면서도 클리셰를 피하고 싶은 장르적 요소를 명시하세요.

🔍 예시:

- 효과적: "심리 스릴러 소설의 오프닝 장면을 작성하고 있습니다. 독자에게 주인공의 신뢰성에 대한 의문을 심어주면서도, 공감대를 형성할 수 있는 시작이 필요합니다. '기차 위의 소녀'나 '샤프 오브젝트'와 같은 작품에서 볼 수 있는 심리적 긴장감을 유지하되, '불안정한 여성 주인공'이라는 클리셰를 피해주세요. 주인공은 45세 남성 저널리스트입니다. 그의 고향으로의 귀환을 묘사하는 500단어 정도의 오프닝 장면을 제안해 주세요."

16. 독자가 정보를 더 잘 기억하고 이해할 수 있도록 돕는 논픽션 글쓰기 프롬프트는 어떻게 작성해야 할까요?

    A: 정보의 구조화, 중요 개념의 반복, 비유와 예시 사용, 시각적 요소, 독자 참여 전략 등을 명시적으로 요청하세요. 목표 독자의 이해 수준과 배경 지식도 언급하는 것이 중요합니다. 복잡한 개념을 더 기억하기 쉽게 만들기 위한 니모닉(기억술) 장치나 프레임워크 개발을 요청할 수도 있습니다.

    예시:
    - 효과적: "인공지능의 기본 개념을 일반 독자에게 설명하는 글을 작성하고 있습니다. 다음 기술적 설명을 일반인이 쉽게 이해하고 기억할 수 있도록 다시 작성해 주세요. 다음 전략을 사용해 주세요:
        1. 일상적인 비유와 실제 사례 포함
        2. 중요 개념을 설명한 후 다른 방식으로 반복
        3. 각 섹션 끝에 간단한 요약 추가
        4. 3~5개의 핵심 요점으로 정보 구조화
        5. '만약 AI가 요리사라면'과 같은 통일된 메타포 사용

        기술적 설명: [텍스트]"

---

17. '쓰기 막힘(Writer's block)'을 극복하기 위한 효과적인 프롬프트는 무엇인가요?

    A: 구체적인 상황, 캐릭터, 또는 주제에 기반한 짧은 글쓰기 연습이나 창의적인 도전을 요청하세요. 기존 작업에 대한 새로운 관

점이나 시각을 제시하도록 요청하거나, 자유로운 연상이나 스토리 가능성을 탐색하는 것도 도움이 됩니다. '무엇을' 쓸지가 아니라 '어떻게' 쓸지에 초점을 맞춘 프롬프트도 효과적입니다.

🔍 예시:

- 효과적: "내 소설에서 주인공은 중요한 결정을 앞두고 있지만, 이 장면을 어떻게 진행해야 할지 막막합니다. 다음 세 가지 다른 접근 방식으로 이 장면의 짧은 스케치(각 200단어 내외)를 작성해 주세요:
    1. 주인공이 과거의 유사한 경험을 회상하는 방식
    2. 예상치 못한 방문객의 등장으로 상황이 변화하는 방식
    3. 주인공의 내적 독백을 통해 갈등을 탐색하는 방식
    주요 인물 정보: [캐릭터 설명], 상황 설명: [장면 배경]"

---

18. 다른 작가의 스타일을 학습하거나 영감을 얻기 위한 프롬프트는 어떻게 작성해야 할까요?

A: 분석하고 싶은 작가나 작품을 명확히 지정하고, 그 스타일의 주요 특징, 기법, 주제적 요소 등을 분석해 달라고 요청하세요. 자신의 글과 특정 작가의 스타일을 결합하는 실험을 요청하거나 특정 작가의 스타일로 간단한 장면이나 단락을 작성해 달라고 요청할 수도 있습니다. 특정 글쓰기 기법을 학습하기 위한 단계별 분석과 적용 방법을 요청하는 것도 효과적입니다.

🔍 예시:

- 효과적: "어니스트 헤밍웨이의 간결한 문체와 묘사 기법을 분석

해 주세요. 그의 문체적 특징 5가지와 그것이 독자에게 미치는 효과를 설명해 주고, 헤밍웨이 스타일의 핵심 요소를 내 글쓰기에 적용할 수 있는 3가지 구체적인 연습 방법을 제안해 주세요. 다음은 현재 내 글쓰기 스타일의 예입니다: [예시 텍스트]"

---

19. 다양한 문화적, 역사적 맥락을 고려한 진정성 있는 글쓰기를 위한 프롬프트는 어떻게 작성해야 할까요?

A: 특정 문화나 역사적 시기에 대한 세부 정보를 포함하고 그에 맞는 진정성 있는 묘사를 위해 고려해야 할 측면들을 명확히 언급하세요. 고정관념이나 시대착오를 피하고자 하는 의도를 명시하고 특정 문화적 요소에 대한 역사적으로 정확한 정보와 맥락을 요청하는 것이 중요합니다. 또한 민감한 주제를 다룰 때 존중과 뉘앙스를 유지하고 싶다는 점도 언급하면 좋습니다.

예시:

- 효과적: "1920년대 일본 교토를 배경으로 하는 단편 소설을 쓰고 있습니다. 주인공은 전통 찻집에서 일하는 20대 여성입니다. 이 시기와 장소에서 다음 요소들을 묘사할 때 고려해야 할 역사적, 문화적으로 정확한 세부 사항을 알려주세요:
1. 여성의 일상생활과 사회적 제약/기회
2. 찻집의 분위기와 운영 방식
3. 일반적인 의복과 예절
4. 당시 주요 사회적/정치적 이슈와 서구적 관점에서의 고정관념

20. 동일한 정보를 다양한 톤과 문체로 전달하는 연습을 위한 프롬프트는 어떻게 작성해야 할까요?

A: 특정 정보나 장면을 제시하고, 그것을 다양한 톤, 문체, 관점으로 다시 작성해 달라고 요청하세요. 각 버전의 구체적인 특성(공식적/비공식적, 유머러스/진지함, 간결함/상세함 등)을 명시하고, 다양한 문체 간의 차이점과 각각이 독자에게 미치는 영향을 분석해 달라고 요청하는 것도 좋습니다.

예시:

- 효과적: "다음 문단은 새로운 기술 제품을 소개하는 내용입니다. 이 정보를 다음 5가지 다른 스타일로 다시 작성해 주세요. 각 버전은 200단어 내외로 작성해 주고, 각 스타일이 독자에게 미치는 영향에 대한 간략한 분석도 함께 제공해 주세요:
  1. 공식적인 보도 자료 스타일
  2. 열정적인 기술 블로그 스타일
  3. 초보자를 위한 친절하고 교육적인 스타일
  4. 약간의 유머와 기지가 있는 대화체 스타일
  5. 간결하고 우아한 광고 카피 스타일 원본 텍스트: [제품 설명]"

1
축사
특별한 행사나 기념일에 적합한 축하 메시지

프롬프트 예시

"회사 창립 20주년 기념행사에서 CEO로서 직원들에게 전할 3분 분량의 축사를 작성해 주세요. 회사가 어려운 시기를 함께 극복하고 글로벌 시장에서 성공을 이룬 과정과 직원들의 헌신에 감사하는 내용을 포함해 주세요."

핵심 포인트

- 행사의 성격과 목적을 명확히 전달
- 청중(대상)을 고려한 메시지 구성
- 감정적 연결과 공감대 형성
- 과거 회고, 현재 감사, 미래 비전의 균형
- 개인적 일화나 스토리텔링 활용

답변 예시

안녕하세요? 여러분.

오늘 이 자리에 함께해 주신 모든 분들께 진심으로 감사드립니다. 우리 회사가 창립 20주년을 맞이하는 이 뜻깊은 순간을 여러분과 함께 나눌 수 있어 무척 영광스럽습니다.

20년 전 작은 사무실에서 큰 꿈을 안고 시작했던 우리의 여정을 되돌아보면 참으로 감회가 새롭습니다. 그 시간 동안 우리는 수많은 도전과 시련을 마주했습니다. 경제 위기, 시장의 급변, 그리고 예상치 못한 글로벌 팬데믹까지. 때로는 앞이 보이지 않는 어둠 속에서 길을 잃은 것 같기도 했습니다.

하지만 우리는 포기하지 않았습니다. 어려운 순간마다 여러분은 서로를 믿고 의지하며 함께 해답을 찾아 나갔습니다. 야근을 마다하지 않으며 프로젝트를 완수하고 창의적인 아이디어로 위기를 기회로 바꾸어 내었습니다. 그 결과 우리는 단순히 생존을 넘어 더욱 강인한 조직으로 성장할 수 있었습니다.

이제 우리는 자랑스럽게 글로벌 시장에서 인정받는 기업이 되었습니다. 아시아를 넘어 유럽과 미주 시장까지 진출하며 전 세계 고객들에게 우리의 혁신적인 제품과 서비스를 선보이고 있습니다. 이는 결코 우연이 아닙니다. 여러분 한 분 한 분의 전문성과 열정, 그리고 끊임없는 도전 정신이 만들어낸 값진 성과입니다.

-중 략-

2
주례사
결혼식에서 신랑 신부를 축하하는 메시지

프롬프트 예시

"대학 동기로 만나 7년간 연애 후 결혼하는 35세 신랑공학 연구원과 32세 신부디자이너를 위한 현대적이면서도 의미 있는 주례사를 작성해 주세요. 유머와 감동이 적절히 섞인 5분 분량으로 결혼의 의미와 서로에 대한 존중을 강조해 주세요."

핵심 포인트

- 신랑 신부의 개인사와 관계 스토리 활용
- 결혼의 의미와 가치에 관한 성찰
- 적절한 유머와 감동적 순간의 균형
- 청중을 고려한 공감대 형성
- 미래를 향한 축복과 응원 메시지

답변 예시

여러분, 안녕하세요?

오늘 이렇게 아름다운 두 사람의 결혼식에 함께해 주신 모든 분들께 감사드립니다. 저는 오늘 신랑 신부의 새로운 시작을 축복하는 주례를 맡게 되어 매우 영광스럽습니다.

신랑 신부는 대학에서 처음 만났습니다. 7년 전 캠퍼스 어딘가에서 공학도 한 명과 디자이너 지망생 한 명이 마주쳤을 때 과연 이들이 오늘 이 자리에 서게 될 줄 누가 알았을까요? 아마 신랑은 그때 복잡한 공식들로 가득한 머릿속으로도 사랑의 방정식은 계산하지 못했을 것이고, 신부는 아무리 창의적인 상상력을 발휘해도 이런 로맨틱한 스토리는 디자인하지 못했을 것입니다.

하지만 7년이라는 시간이 흘렀습니다. 그동안 두 사람은 서로를 알아가며 사랑을 키워왔습니다. 신랑은 연구실에서 밤늦게 실험하면서도 신부에게 안부 메시지를 보내는 것을 잊지 않았고, 신부는 마감에 쫓기는 와중에도 신랑을 위해 따뜻한 식사를 준비하곤 했습니다.

흥미롭게도 이 두 사람의 직업은 참 잘 어울립니다. 공학 연구원인 신랑은 논리적이고 체계적으로 문제를 해결하는 사람이고, 디자이너인 신부는 감성적이고 창의적으로 세상을 바라보는 사람입니다. 마치 왼쪽 뇌와 오른쪽 뇌가 만나 완벽한 조화를 이루는 것 같습니다.

-중 략-

3
기도문

프롬프트 예시

"지역 사회의 화합과 발전을 위한 2분 분량의 기도문을 작성해 주세요. 최근 자연재해로 어려움을 겪는 주민들을 위로하고, 공동체의 회복과 연대를 강조하는 내용을 담아주세요."

핵심 포인트

- 경건하고 존중하는 어조 유지
- 구체적인 감사와 기원 사항 포함
- 보편적 가치와 희망 담기
- 짧고 명확한 문장으로 구성
- 종교적 맥락과 공동체 정신 연결

답변 예시

주여, 오늘 이 땅의 모든 주민들을 위해 간절한 마음으로 기도드립니다.

최근 우리 지역을 강타한 자연재해로 인해 소중한 것들을 잃고 상처받은 모든 분들께 위로의 손길이 닿기를 간구합니다. 집을 잃은 이웃들, 생업터전이 무너진 가족들, 그리고 사랑하는 사람을 떠나보낸 이들의 아픈 마음이 조금씩 치유되기를 기원합니다.

비록 우리가 예상치 못한 시련을 겪고 있지만 이 어려움 속에서도 서로를 돌보는 이웃들의 따뜻한 마음을 보며 희망을 발견합니다. 낯선 이에게도 기꺼이 손을 내미는 선한 사람들, 자신의 것을 나누며 함께 아파하는 공동체의 모습에서 우리는 진정한 사랑을 배웁니다.

이 땅 위에 사는 모든 이들이 서로 다른 배경과 생각을 가지고 있지만 같은 하늘 아래 더불어 살아가는 한 가족임을 깨닫게 하여 주십시오. 피부색이 다르고, 믿음이 다르고, 살아온 이야기가 달라도 우리는 모두 소중한 존재들입니다.

재해로 무너진 것들이 다시 일어서도록 도와주시고 상처받은 마음들이 서로의 온기로 회복되도록 인도하여 주십시오. 우리 지역이 단순히 예전 모습으로 돌아가는 것이 아니라 더욱 단단하고 아름다운 공동체로 거듭나게 하여 주십시오.

-중 략-

4
블로그
특정 주제에 관한 정보와 의견을 담은 글

프롬프트 예시

"디지털 디톡스의 중요성과 실천 방법에 관한 500단어 분량의 블로그 포스트를 작성해 주세요. 최신 연구 결과를 인용하고, 일상에서 쉽게 실천할 수 있는 5가지 팁을 포함해 주세요. 친근하면서도 정보가 풍부한 톤으로 작성해 주세요."

핵심 포인트

- 매력적인 제목과 도입부로 독자의 관심 유도
- 명확한 핵심 메시지와 구조화된 내용
- 독자의 공감을 얻는 실생활 예시 활용
- 시각적 요소목록, 소제목 등 활용한 가독성 향상
- 행동 유도Call-to-Action 포함한 결론

답변 예시

아침에 눈 뜨자마자 스마트폰을 확인하고, 잠들기 전까지 끝없이 스크롤을 내리는 일상이 익숙하다면 이제 디지털 디톡스를 진지하게 고려해 볼 때입니다. 우리는 하루 평균 몇 시간을 스크린 앞에서 보내고 있을까요? 생각보다 그 시간이 훨씬 길 것입니다.

2023년 행동중독학 저널 연구에 따르면 하루 6시간 이상 스크린을 사용하는 사람들이 3시간 미만 사용자보다 정신건강 문제를 겪을 가능성이 높다라고 밝혀졌습니다. 더욱 주목할 만한 것은 2025년 1월 발표된 최신 체계적 문헌고찰 연구에서 디지털 디톡스가 우울증과 문제적 인터넷 사용을 완화할 수 있다는 결과를 제시했다는 점입니다. 특히 초기 증상이 심할수록 디지털 디톡스의 효과가 더 크게 나타났다는 것이 흥미롭습니다.

디지털 기기의 과도한 사용이 우리에게 미치는 영향은 생각보다 심각합니다. 수면재단 2022년 보고서에 따르면 취침 전 스크린 사용을 중단한 사람들이 더 나은 수면의 질과 적은 불면증 증상을 경험했다고 합니다. 스마트폰에서 나오는 블루라이트가 멜라토닌 분비를 방해해 자연스러운 수면 사이클을 깨뜨리기 때문입니다. 또한 지속적인 연결성으로 인한 스트레스가 줄어들고 실제 대면 상호작용에 더 집중할 수 있게 되어 전반적인 삶의 질이 향상됩니다.

다행히 디지털 디톡스는 생각만큼 어렵지 않습니다. 오늘부터 실천할 수 있는 구체적인 방법들을 살펴보겠습니다.

-중 략-

5

기행문
여행 경험과 느낌을 기록한 글

프롬프트 예시

"경주에서 보낸 3박 4일간의 여행기를 1,000자 분량으로 작성해 주세요. 유적지 방문 경험과 함께 지역 음식, 숙소, 그리고 예상치 못했던 특별한 만남 등 개인적 경험을 생생하게 묘사해 주세요. 오감을 활용한 묘사와 여행을 통해 얻은 깨달음도 포함해 주세요."

핵심 포인트

- 시간 순서나 테마별 구성으로 명확한 구조 제시
- 생생한 감각적 묘사와 구체적 경험 공유
- 장소에 대한 정보와 개인적 감상의 균형
- 사진이나 이미지를 고려한 서술 방식
- 여행을 통한 통찰이나 변화 포함

답변 예시

천년의 시간 속으로 - 경주 3박 4일 여행기

첫째 날: 도착과 첫 만남

오후 2시 20분, KTX에서 내린 순간 경주역 플랫폼에 스며든 고즈넉한 공기가 서울의 매캐한 지하철 냄새를 단숨에 씻어냈다. 3월 말 봄볕이 따스했지만 바람에는 아직 겨울의 차가움이 남아있었다.

한옥스테이로 향하는 택시에서 만난 70대 할아버지는 구수한 경상도 사투리로 경주 곳곳의 역사를 들려주셨다. 운전대를 잡은 거친 손으로 이곳저곳을 가리키며 설명하는 모습에서 고향에 대한 깊은 자부심이 느껴졌다. 창밖으로 보이는 야산들마다 숨어있는 고분들의 이야기, 도로 공사 때마다 나오는 유물들의 일화까지. 15분간의 짧은 택시 여행이 이미 살아있는 역사 수업이었다.

-중 략-

6

수필
개인적인 생각과 경험을 담은 산문

프롬프트 예시

"'첫 직장에서 배운 것들'이라는 주제로 1,500자 분량의 수필을 작성해 주세요. 실패와 성장, 인간관계, 자아 발견 등의 요소를 포함하고, 진솔하면서도 유머러스한 톤으로 작성해 주세요."

핵심 포인트

- 자아성찰과 개인적 경험의 보편화
- 진솔한 감정과 생각의 표현
- 여운을 남기는 문장과 독특한 관점
- 일상 속 작은 경험에서 의미 발견
- 공감을 불러일으키는 스토리텔링

답변 예시

첫 직장에서 배운 것들

검은 정장에 새 구두를 신고 첫 출근길에 올랐던 그날이 아직도 생생하다. 지하철에서 내 모습을 창문에 비춰보며 "이제 나도 진짜 어른이구나" 하고 뿌듯해했던 것도 잠깐, 회사 건물 앞에 서자 갑자기 무릎이 후들거렸다. 27층 높이의 빌딩이 하늘을 찌를 듯 솟아있었고 출입구를 드나드는 사람들은 모두 나보다 훨씬 성숙하고 능력 있어 보였다.

엘리베이터에서 "몇 층이세요?"라고 물어보는 직장인에게 "19층이요"라고 대답하며 내 목소리가 떨리는 걸 느꼈다. 그때는 몰랐다. 저 사람도 불과 몇 년 전까지는 나와 똑같이 떨고 있었을 거라는 것을.

입사 한 달 차 나에게는 거대한 시련이 찾아왔다. 중요한 프레젠테이션 자료를 만들다가 실수로 전체 파일을 삭제해 버린 것이다. 그것도 발표 하루 전에 말이다. 컴퓨터 화면이 하얗게 변하는 순간 내 얼굴도 덩달아 하얗게 변했다. "선배님, 저… 저기…" 하며 말을 더듬거리는 나에게 김 대리는 한숨을 푹 쉬더니 말했다. "신입이면 한 번은 겪는 일이야. 나도 예전에 고객사 메일을 잘못 보내서 난리 났었거든." 그 말을 듣는 순간 세상이 무너지는 것 같던 기분이 조금 나아졌다.

-중 략-

7
칼럼

프롬프트 예시

"현대 사회에서 '느림의 미학'이 가지는 가치에 대한 800단어 분량의 칼럼을 작성해 주세요. 속도와 효율성만 추구하는 현대인의 생활 방식을 비판적으로 고찰하고, 의도적인 느림이 가져올 수 있는 삶의 질 향상과 창의성에 대해 논해주세요."

핵심 포인트

- 시의성 있는 주제와 독창적 관점
- 논리적 전개와 설득력 있는 주장
- 간결하면서도 강력한 문장 구성
- 전문성과 대중성의 균형
- 독자에게 생각할 거리를 제공하는 결론

답변 예시

쉼표가 만드는 삶의 여백

현대인의 하루는 마치 2배속으로 재생되는 영상 같다. 아침에 눈 뜨자마자 스마트폰을 확인하고, 지하철에서도 업무 메일을 처리하며, 점심시간에는 배달앱으로 빠르게 식사를 해결한다. '빨리빨리' 문화는 이제 우리 삶의 기본값이 되었고 느린 것은 곧 뒤처지는 것으로 여겨진다.

하지만 이런 속도 경쟁은 정말 우리를 더 행복하게 만들까? 효율성을 추구하다 보니 우리는 정작 중요한 것들을 놓치고 있다. 길가에 핀 꽃을 보며 잠시 멈춰 설 여유도, 가족과 천천히 대화를 나눌 시간도, 스스로의 내면을 들여다볼 기회도 사라졌다. 모든 것을 빠르게 소비하고 처리하다 보니 삶이 피상적이고 메마른 느낌이다.

이런 시대에 '느림의 미학'은 새로운 가치를 제시한다. 슬로푸드 운동이 패스트푸드에 맞서 제철 재료로 정성스럽게 요리하는 즐거움을 되찾아준 것처럼 의도적인 느림은 삶에 깊이와 여백을 가져다준다. 천천히 걷기, 손편지 쓰기, 책 읽기 같은 행위들이 단순해 보이지만, 그 속에서 우리는 진정한 휴식과 성찰을 경험한다.

-중 략-

8
숏폼 에세이
SNS와 모바일 환경에 최적화된 짧고 임팩트 있는 글

디지털 시대에 등장한 새로운 글쓰기 형태로, 짧은 분량 안에서 완결된 메시지와 감동을 전달하는 글이다. 인스타그램, 페이스북, 브런치 등 SNS 플랫폼의 특성에 맞춰 발달했으며 바쁜 현대인이 빠르게 읽고 공감할 수 있도록 압축적이면서도 임팩트 있는 내용으로 구성된다. 일상의 소소한 경험에서 시작해 보편적 공감대를 형성하는 것이 특징이다.

프롬프트 예시

"'월요일 블루를 이겨내는 나만의 방법'이라는 주제로 700자 이내의 숏폼 에세이를 작성해 주세요. 직장인들이 공감할 수 있는 구체적인 경험을 바탕으로 하되 마지막에는 희망적이고 동기부여가 되는 메시지를 담아주세요. SNS 공유를 고려해 임팩트 있는 문장으로 마무리해 주세요."

핵심 포인트

- **강력한 첫 문장:** 첫 문장부터 독자의 시선을 사로잡는 훅Hook 활용
- **압축적 구성:** 짧은 분량 안에서 완결성 있는 메시지 전달
- **공감대 형성:** 구체적이고 생생한 일상 경험으로 독자와의 접점 만들기
- **감정적 몰입:** 개인적 체험을 통해 독자의 감정을 자극하고 공감 유도
- **명확한 메시지:** 하나의 핵심 주제에 집중하여 산만함 방지
- **기억에 남는 마무리:** 여운이 있고 공유하고 싶게 만드는 강력한 엔딩
- **SNS 최적화:** 해시태그, 이모지 등 플랫폼 특성을 고려한 요소 활용 가능
- **읽기 편한 구조:** 짧은 문단과 적절한 여백으로 모바일 가독성 향상

답변 예시

월요일 블루를 이겨내는 나만의 방법

일요일 밤 11시 스마트폰으로 월요일 아침 7시 알람을 맞춰 놓으면 한숨이 나온다. "내일 또 월요일이네." 주말 동안 쌓인 빨래와 설거지를 뒤로 한 채 이불을 뒤집어쓰고 싶은 마음을 억누르며 잠드는 일요일의 마지막 순간들. 머릿속에는 내일 해야 할 업무들이 주마등처럼 스쳐 지나간다.

예전의 나는 이 시간이 정말 싫었다. 마치 방학이 끝나고 개학을 앞둔 학생처럼 우울하고 막막했다. 그러던 어느 날 같이 야근했던 동료가 "나는 월요일마다 점심 메뉴를 미리 정해놔. 그러면 아침에 일어나기가 조금 덜 힘들더라"라고 말하는 걸 듣고 번뜩 깨달았다.

-중 략-

9
쓰레드
Threads

주로 트위터x, 인스타그램 등 SNS에서 글자 수 제한을 극복하기 위해 발달한 글쓰기 형식이다. 하나의 긴 주제를 여러 개의 짧은 포스트로 나누어 연속적으로 게시하는 방식으로, 각 포스트는 독립적으로 읽힐 수 있으면서도 전체적으로는 하나의 완성된 이야기나 정보를 구성한다. 독자들이 단계별로 정보를 흡수할 수 있어 복잡한 내용도 쉽게 이해할 수 있으며 각 포스트마다 댓글이나 공유를 통한 상호작용이 가능하다.

프롬프트 예시

"'30대에 꼭 알아야 할 재테크 기초 지식'에 대한 3개 포스트 분량의 쓰레드를 작성해 주세요. 각 포스트는 280자 이내로 제한하고, 복잡한 금융 개념을 쉽게 설명하면서 실생활에 바로 적용할 수 있는 팁을 포함해 주세요. 포스트마다 번호를 매기고 연결성을 유지해 주세요."

핵심 포인트

- **명확한 구조화:** 전체 주제를 논리적 순서로 분할하고 각 포스트에 번호 부여
- **독립성과 연결성:** 각 포스트가 단독으로도 의미가 있으면서 전체 맥락과 자연스럽게 연결
- **글자 수 최적화:** 플랫폼별 제한 트위터 280자, 인스타그램 2,200자 등에 맞춘 압축적 작성
- **단계적 정보 전달:** 쉬운 것부터 복잡한 것으로, 또는 시간 순서대로 정보 배치
- **참여 유도 요소:** 중간중간 질문이나 팁을 삽입하여 독자의 관심과 참여 유도
- **시각적 구분:** 이모지, 번호, 구분선 등을 활용한 포스트 간 차별화
- **강력한 시작과 마무리:** 첫 포스트로 전체 내용 예고, 마지막 포스트로 핵심 요약이나 행동 유도
- **일관된 톤앤매너:** 전체 쓰레드를 통해 일관된 문체와 어조 유지
- **중간 요약:** 긴 쓰레드의 경우 중간에 지금까지의 내용을 간단히 정리하는 포스트 삽입

답변 예시

30대에 꼭 알아야 할 재테크 기초 지식

1/10 30대는 재테크의 골든 타임입니다. 20대보다 수입이 늘어나고 40~50대보다 시간이 충분하죠. '돈이 없어서 투자를 못 한다'는 생각은 금물. 월 10만 원이라도 시작하면 20~30년 후 큰 차이를 만

듭니다. 재테크는 큰돈이 아니라 꾸준함으로 승부하는 게임입니다. 오늘부터 시작해 보세요.

  2/10 재테크의 첫걸음은 가계부입니다. 스마트폰 앱을 활용해 한 달만 써보세요. "이런 데 돈이 들어가나?" 싶을 정도로 놀랄 겁니다. 수입-고정비-변동비=투자금이 기본 공식. 커피 한 잔 5천 원을 줄이면 월 15만 원, 연 180만 원을 아낄 수 있어요. 작은 습관이 큰 변화를 만듭니다.

-중 략-

10 시

감정과 이미지를 운율과 은유로 표현하는 문학적 창작

프롬프트 예시

"가을 저녁 혼자 걷는 길에서 느끼는 쓸쓸함과 그 속에서 발견하는 작은 위로를 주제로 자유시를 써주세요. 4연 16행 정도의 분량으로 구체적인 풍경 묘사와 함께 내면의 감정 변화를 섬세하게 표현해 주세요. 과도한 수사보다는 일상적이면서도 시적인 언어를 사용해 주세요."

핵심 포인트

- 감정과 분위기를 구체적 이미지와 감각으로 형상화
- 운율과 리듬을 고려한 언어의 선택과 배치
- 은유와 상징을 통한 깊이 있는 의미 전달
- 절제된 언어로 여운과 울림 창조
- 개인적 경험을 보편적 감정으로 승화

주의 사항

시는 인간의 가장 섬세한 감정과 내면세계를 표현하는 문학 장르다. 현재 챗GPT는 인간의 복잡하고 미묘한 정서나 감정을 완전히 이해하고 표현하는 데 한계가 있다. 특히 시의 핵심인 은유와 상징이 때로는 어색하거나 부자연스럽게 느껴질 수 있다. 진정한 시적 영감이나 개인적 체험에서 우러나오는 감정의 깊이를 온전히 담아내기 어려울 수 있다. 따라서 챗GPT로 생성한 시는 초안이나 아이디어 제공의 역할로 활용하고 인간의 감성과 경험을 바탕으로 한 수정과 보완 작업이 반드시 필요하다.

답변 예시

가을 저녁 혼자 걷는 길
노란 은행잎이 발밑에서 바스락
가로등 불빛이 하나둘 켜지고
긴 그림자가 뒤따라오는 이 길에서
나는 혼자라는 말을 되뇌어본다

차가운 바람이 뺨을 스치고 지나가면
왠지 모를 허전함이 가슴 한켠에 내려앉는다
멀리서 들려오는 저녁 종소리마저
외로움을 더 깊게 만드는 것 같아

-중 략-

11
소설

허구의 인물과 사건을 통해 인간의 삶과 사회를 그려내는 서사 문학이다. 작가의 상상력과 현실 경험이 결합되어 독자에게 감동과 깨달음을 주는 완결된 이야기를 만들어낸다. 단편소설부터 장편소설까지 다양한 길이로 창작할 수 있으며 인물의 내면 심리, 사회적 갈등, 인간관계의 복잡성 등을 다층적으로 표현할 수 있는 문학 장르다.

프롬프트 예시

"카페에서 우연히 만난 두 사람이 과거의 비밀을 공유하게 되면서 벌어지는 이야기를 담은 단편소설을 작성해 주세요. 5,000자 내외 분량으로 현재와 과거를 오가며 두 인물의 심리 변화를 섬세하게 그려내고, 예상치 못한 반전이 있는 결말로 마무리해 주세요. 일인칭 시점으로 작성해 주세요."

소설 쓰기 실전 요령

- 아이디어 발전: '만약에 ~라면?' 질문으로 상황 설정 후 인물 반응 상상하기

- **인물 설정지 작성**: 주요 인물의 이력서, 성격, 습관, 말투 등 세부 사항 미리 정리
- **플롯 개요 작성**: 큰 줄거리를 먼저 정리한 후 세부 장면 구성하기
- **장면별 목적 설정**: 각 장면이 전체 이야기에서 담당하는 역할 명확히 하기
- **'보여주기' 원칙**: 설명하기보다는 행동과 대화를 통해 상황과 감정 전달
- **갈등의 점진적 확대**: 작은 갈등에서 시작해 점차 큰 위기로 발전시키기
- **독자 관점 고려**: 독자가 이해하기 어려운 부분이나 지루할 수 있는 구간 점검
- **퇴고의 중요성**: 첫 초안 완성 후 반복적인 수정으로 완성도 높이기

핵심 포인트

- **매력적인 인물 창조**: 입체적이고 현실감 있는 캐릭터 설정 외모, 성격, 배경, 욕망, 결함
- **탄탄한 플롯 구성**: 발단-전개-위기-절정-결말의 기본 구조와 갈등의 설정
- **적절한 시점 선택**: 1인칭, 3인칭, 전지적 작가 시점 등 이야기에 맞는 화자 설정
- **생생한 배경 묘사**: 시간적, 공간적 배경을 통한 분위기 조성과 현실감 부여
- **자연스러운 대화**: 인물의 성격과 상황에 맞는 대사로 캐릭터의 개성과 관계 표현
- **갈등과 긴장감**: 내적 갈등, 인물 간 갈등, 사회적 갈등 등을 통한 드라마 창조
- **감각적 묘사**: 오감을 활용한 구체적 묘사로 독자의 몰입도 향상
- **주제 의식**: 작품을 통해 전달하고자 하는 메시지나 문제의식을 자연스럽

게 녹여내기
- **적절한 속도감:** 장면 전환, 시간 흐름, 정보 공개의 타이밍 조절
- **여운 있는 결말:** 독자에게 생각할 거리나 감동을 남기는 마무리

답변 예시

1.

커피잔을 들어 올리는 순간 그 사람의 손목에 난 흉터를 보았다. 가늘고 하얀 선이 피부를 가로지르고 있었는데 나도 모르게 숨이 멎었다. 내 손목에도 똑같은 자리에 똑같은 흉터가 있었기 때문이다.

"실례합니다만…" 나는 조심스럽게 말을 걸었다. "혹시 그 흉터…"

그가 고개를 들었다. 삼십 대 중반쯤 되어 보이는 남자였는데 눈가에 깊은 피로가 스며 있었다. 내 시선을 따라 자신의 손목을 내려다보더니 씁쓸하게 웃었다.

"아, 이거요? 오래된 상처예요."

나는 슬쩍 내 손목을 보여주었다. 그의 표정이 순간 굳어졌다.

"이상하죠?" 내가 말했다. "똑같은 자리에 똑같은 흉터가…"

2.

그렇게 우리는 대화를 시작했다. 이름은 서준이었고 나처럼 홀로 커피를 마시며 시간을 보내는 것 같았다. 처음엔 흉터에 대한 이야기를 피했지만 어쩐지 이 사람 앞에서는 숨기고 싶지 않았다.

"사실 이 흉터는…" 나는 천천히 입을 열었다. "고등학교 때 생긴 거예요."

서준이 커피잔을 천천히 내려놓았다.

"저도요."

우리는 서로를 바라보았다. 그 순간 카페의 소음이 모두 사라진 것 같았다.

"언제쯤이었는지 기억하세요?" 내가 물었다.

"2008년 봄이었어요. 정확히는 4월 15일."

나는 심장이 멎는 줄 알았다. 그날은 내가 평생 잊을 수 없는 날이었다.

-중 략-

―――――――――――――――――――― 제4장

챗GPT로
뚝딱 책 한 권 쓰기 실전

1
출간기획서란 무엇인가

 책쓰기의 주제가 정해지면 가장 먼저 해야 할 일은 출간기획서를 스스로 먼저 작성하는 것이다. 초고가 완료된 이후 출판사에 제출하기 위해 기획서를 작성하는 경우가 있지만 나는 그동안 40여 권의 책을 낸 경험으로 비추어 보아 처음부터 출간기획서를 반드시 먼저 작성하라고 권한다.

 예를 들어보자. 대부분의 회사에서는 다양한 사업을 진행한다. 사업을 계획할 때 그리고 사업을 추진하기 전에 전략기획 단계에서 꼭 필수적으로 거치는 단계가 바로 '사업계획서'를 작성하는 일이다.

 출간 작업도 비슷하다. 당연히 자신의 책은 자신이 가장 잘 알고 있다. 자신의 책을 출판하기 위한 계획서, 즉 책에 대한 전체적인 소개 및 향후 방향에 대한 계획과 전략이 모두 담긴 것이 바로 출간기획서다. 따라서 책을 쓰기 위한 출간기획서는 원고를 다 쓰고 난 후 투고하기 위해 출판사에 보내는 출간기획서와 그 내용이 목적에 따라 다를 수 있다. 여기서 이야기하는 출간기획서는 자기가 쓰고 싶은 콘셉트와 청사진 그리기를 한 다음 책 전체의 구상을 보다 구체화하는 작업이다. 물론 출판 이후 잘 팔리고 독자들에게 많이 읽히기 위한 세부 전략이 빠져서는 안 된다. 이른바 종합 마스터플랜과 같다.

반면에 책을 다 쓰고 나서 출판사에 투고하기 위해 제시하는 출간기획서는 출판사에게 "내가 책을 썼으니 한번 보시오. 좋은 책이니 꼭 출간해 주시오!"라고 말하는 것과도 비슷하다. 우리가 회사에 입사하기 위해 이력서를 작성하는 것처럼 출판사에 출판을 제안하는 작업은 형식화된 양식이 존재한다.

출판사 입장에서는 투고한 원고의 양이 많을 경우 일단 출간기획서를 읽어보고 흥미가 있을 경우에 전체 원고를 자세하게 읽는 것이 효율적이기 때문이다. 출간기획서는 출판사에 도움을 줄 뿐만 아니라 책을 쓰는 저자에게도 큰 도움을 준다. 출간기획서를 작성해 봄으로써 방향을 올바로 정하고 효율적으로 책을 쓸 수 있기 때문이다. 출간기획서는 일정한 양식이 있는 것은 아니다. 대체적으로 다음과 같은 내용을 담고 있어야 한다.

1. 출판의 목적
2. 책 제목 가제목
3. 핵심 콘셉트
4. 주요 대상 독자층
5. 경쟁 도서와 관련 도서 분석
6. 초고 완성과 출간 일정
7. 출판 후 활용 방안
8. 목차와 소제목
9. 저자 소개

먼저, 가장 중요한 것은 책을 구상한 목적이다. 목적이 분명치 않으면 책을 쓰면서 계속 흔들릴 수밖에 없다. 책 제목은 나중에 출판사와 협의해서 정하게 된다. 앞서 언급했듯이 책의 내용을 가장 잘 아는 저자의 입장에서 가능한 제목을 여러 개 마음에 두는 것이 좋다. 책의 핵심 콘셉트는 쓰고자 하는 책의 핵심 내용을 요약하여 정리함으로써 쓰고자 하는 방향성을 정하는 데 중요한 역할을 한다.

대상 독자층은 핵심 독자층, 표준 독자층, 확산 독자층으로 세분하여 작성하는 것이 바람직하다. 책은 핵심 독자층을 염두에 두고 쓴다고 생각하고 표준 독자층과 확산 독자층까지도 확장성이 있도록 해야 한다. 그렇다고 독자층을 너무 좁게 잡으면 출판사에서 싫어하지만, 전 국민을 대상으로 한 책도 환영받지 못하기는 마찬가지다.

경쟁 도서와 유사 도서 분석은 자신이 어떻게 책을 쓸 것인가 방향성을 정하고 많은 자료를 습득하는 과정이기도 하다. 이것은 출판사를 설득하는 내용으로 써야 한다. '경쟁 도서와 유사 도서의 차별성'은 책의 특성과 방향성을 제시해 주는 것과도 연관이 된다. 최근의 사회적 이슈와의 연관성, 시대적 필요성 등을 제시하면 좋다.

저자로서 책 출간 후 어디에 활용할 것이냐 하는 출판 후 활용 방안에 따라 책의 내용이 얼마든지 달라질 수가 있기에 사전 기획을 할 필요가 있다. 저자는 책이 나온 이후의 활용 계획에 대해 처음부터 방향을 정하고 책을 쓴 경험이 많은 편이다. 주로 세미나 교재나 강의 시 교재로 쓸 목적으로 방향 설정을 하곤 했다. 일부 저자는 책 홍보는 당연히 출판사가 알아서 할 일이라고 생각한다. 저자는 책 판매에 공헌할 수 있는 방안도 고민해야 할 실정이다.

책 원고가 완성되면 목차를 옮기면 되지만 원고가 미완성 상태인 경우에는 기획도서인 경우처럼 반드시 출간기획서를 먼저 제시해야 한다. 원고에 핵심 콘셉트와 요약 등이 있지만 목차가 책의 전체 내용이나 흐름을 가장 구체적으로 보여주기 때문이다. 만약 책 원고가 완성되지 않았는데 출간기획서만 출판사에 보내는 경우에는 내용 요약, 원고 분량, 초고 완성 예정일 등을 추가하는 것이 바람직하다.

나는 그동안 경험에서 초기에는 '출간기획서'의 중요성을 알지 못했다. 몇 권의 책을 낸 후 뒤늦게 안 사실이지만 책을 출판하고 또 다른 저서를 준비하는 과정에서도 출간기획서가 중요함을 느꼈다. 책쓰기 전에 출간기획서가 없다면 목적지 없이 운전하는 것과 같다.

요즘에는 책이 팔리지 않는다. 팔리지 않는 책을 출판사가 내줄 리 만무하다. 그래서 원고를 아무리 열심히 써서 투고를 하고 문을 두드려도 문전박대를 당하기 쉽다. 책이 잘 팔리지 않는 이유도 있겠지만 출판사들은 책의 내용보다는 책이 얼마나 팔릴 것인가에 관심이 있고 그러다 보니 저자의 판매능력을 먼저 본다. 즉, 저자의 출판 후 활동으로 강의 활동을 많이 하는지 아니면 지인이 많아 책을 팔아줄 수 있는지 여부를 본다.

출간기획서는 뒤에 실습하게 될 서문과 에필로그는 물론이고 소목차를 50개 정하거나 본문 초안을 뚝딱 1시간 만에 작성하는, 실전에 반드시 필요한 사전 단계이다.

2
서문과 에필로그 쓰기 실전

서문과 에필로그의 중요성

서문과 에필로그는 책의 첫인상과 마지막 인상을 결정짓는 중요한 부분이다. 서문은 독자에게 책의 목적과 내용을 소개한다. 에필로그는 전체적인 내용을 마무리하며 독자에게 남길 메시지를 정리해야 한다. 이 두 부분을 효과적으로 작성할 때 독자의 이해를 돕고 책의 주제와 메시지를 강화할 수 있다. 실제로 독자들이 책을 선택할 때 서문이나 에필로그를 먼저 읽어보고 결정하는 경우가 많기 때문에 이 두 부분을 잘 쓰는 것이 중요하다.

서문을 쓸 때 포함할 내용은 출간의 목적과 주제, 저자의 의도와 관점, 책의 구성과 내용, 독자에게 전하는 메시지, 책의 한계와 보완점, 감사의 말 등을 포함시켜야 한다. 특히 책의 목적과 주제를 명확하게 제시하여 독자가 책을 읽기 전에 책의 내용을 미리 파악할 수 있도록 도와야 한다. 또 저자의 의도와 관점을 밝혀 독자가 책을 읽으면서 저자의 의도와 관점을 이해할 수 있도록 해야 한다.

책의 구성과 내용을 소개하여 독자가 자신이 원하는 내용을 쉽게 찾을 수 있도록 도와야 한다. 독자에게 전하고 싶은 메시지를 강조하여 독자가 책을 읽으면서 자신의 삶에 적용할 수 있는 교훈을 얻을 수 있도록 해야 한다. 마지막으로 책을 쓰는 데 도움을 준 사람들에게 감사의 말을 전하여 독자가 책을 읽으면서 저자의 노력과 열정을 느낄 수 있도록 해야 한다.

에필로그는 책의 마지막 부분이다. 책의 요약과 마무리, 저자의 생각과 느낌, 독자에게 전하는 메시지, 책의 미래와 전망, 감사의 말 등을 포함한다. 책의 내용을 요약하고 마무리하는 내용을 담아 독자가 책을 읽으면서 얻은 지식과 교훈을 다시 한번 정리할 수 있도록 도와야 한다. 에필로그는 책의 내용을 마무리하고 독자에게 여운을 남기는 역할을 하므로 독자의 관심을 끌 수 있는 내용을 포함하는 것이 좋다.

서문 작성을 위한 실전 프롬프트

1) 책의 목적 설명하기: "이 책이 다루고자 하는 주제와 독자가 이 책을 통해 얻을 수 있는 구체적인 이점을 설명해 줘."

2) 주요 내용 소개: "이 책의 주요 내용과 각 장에서 다룰 주제들을 간략하게 소개해 줘."

3) 저자의 개인적 동기 부여하기: "이 책을 쓰게 된 저자의 개인적인 이야기나 경험을 통해 독자에게 감동을 줄 수 있는 서문을 작성해 줘."

에필로그 작성을 위한 실전 프롬프트

1) **주요 메시지 요약**: "이 책에서 다룬 주요 주제와 핵심 메시지를 요약하여 에필로그에 담아줘."
2) **독자에 대한 감사 표현**: "독자가 책을 읽어준 것에 대한 감사의 메시지를 포함한 에필로그를 작성해 줘."
3) **향후 행동 촉구**: "독자가 이 책의 메시지를 실생활에 어떻게 적용할 수 있을지 구체적인 조언과 촉구의 메시지를 에필로그에 포함시켜 줘."

서문과 에필로그 작성 팁

1) **목적에 맞게 작성**: 서문은 독자가 책을 읽어야 하는 이유를 명확히 해야 한다. 에필로그는 책을 읽은 후 독자가 느낄 수 있는 감정이나 행동을 고려해야 한다.
2) **감성적 접근**: 특히 에필로그에서는 독자의 감성에 호소할 수 있는 요소를 포함시키는 것이 좋다.
3) **명확하고 간결하게**: 두 부분 모두 너무 길지 않게 하되 필요한 정보와 메시지는 충분히 전달되도록 해야 한다.

서문과 에필로그는 책의 흐름을 만들고 마무리 짓는 데 중요한 역할을 해준다. 적절한 프롬프트를 사용하여 챗GPT와 같은 AI 도구를 활용하면 이러한 부분을 보다 효과적으로 구성할 수 있으며 독자에게 더욱 깊은 인상을 남길 수 있다.

3
출간기획서로 서문 목차 작성 실전

　챗GPT를 활용해서 뚝딱 책 한 권의 초안을 쓰려면 앞에서 이야기한 출간기획서를 먼저 작성해야만 한다. 출간기획서가 명확하고 상세할수록 자기가 원하는 수준의 결과물을 얻을 수 있다. 먼저 이 출간기획서가 작성되면 챗GPT는 서문과 에필로그는 물론이고 대목차와 소목차 50개를 순식간에 작성해 준다.

　전체 목차와 서브타이틀은 책이라는 집을 짓기 위한 논리적이고 체계적인 설계도이다. 특정 주제에 대해 5개의 장 제목과 각 장에 10개의 서브타이틀을 생성하기 위해서는 먼저 출간기획서를 입력시킨 다음 프롬프트를 작성하여 명령해 주면 된다. 이 경우 챗GPT, Gemini, Claude 등 어떤 생성형 AI를 활용하든 각각 다른 내용으로 정리되는 바 여러 개를 출력해 비교하고 선택하며 보완할 수도 있다. 프롬프트 품질이 곧 원고 품질이므로 구체적일수록 좋은 결과를 얻는다.

프롬프트 작성을 위한 '책 출간기획서' 예시

1. **주제와 콘셉트:** "퇴직 후 30년, 어떻게 살아갈 것인가?", 인생 2막을 능동적으로 준비하는 방법을 제안하는 실용적 자기계발서.
2. **목표 독자:** 40~60대 직장인, 은퇴를 앞두고 제2의 인생을 고민하는 사람들.
3. **책의 목적:** 독자들이 퇴직 후 삶을 주체적으로 계획하고, 자기실현의 기회를 찾도록 돕는 것.
4. **경쟁 도서 분석:** 『인생 2막』, 『은퇴 후 10년』과 달리, 본서는 실제 인터뷰와 구체적인 실행 계획 중심으로 구성돼 실천 가능성을 높임.
5. **목차와 구성안:** 1장. 퇴직 후에도 늦지 않다 2장. 인생 2막의 정체성 찾기 3장. 일과 의미 있는 활동 4장. 건강한 루틴 만들기 5장. 관계와 공동체 회복.
6. **저자 소개:** 전직 기업 인사팀장, 현재 인생 2막 관련 강연과 컨설팅 활동. 퇴직 후 삶의 질에 대한 실질적 조언을 제공하고자 집필.
7. **집필 의도와 배경:** 퇴직 후 무기력감을 겪던 지인의 사례를 통해 '준비된 퇴직'의 필요성을 절감하여 집필을 결심하게 됨.
8. **마케팅과 홍보 전략:** 50+ 커뮤니티, 퇴직 예정자 대상 강연, SNS 콘텐츠짧은 조언 영상 연계 마케팅 예정.
9. **출간 후 확장:** 가능성 책 내용을 기반으로 한 워크북 제작, 은퇴설계 강의 연계 가능.
10. **예상 독자 반응:** 독자들은 자신의 퇴직 후 삶에 대해 새롭게 인식하고, 주도적인 준비의 필요성을 느끼게 될 것임.

프롬프트 예시

"이 글은 '퇴직 후 30년, 어떻게 살아갈 것인가?' 인생 2막을 능동적으로 준비하는 방법을 제안하는 실용적 자기계발서로 쓰고자 해. 1. 서문을 독자들이 자신의 퇴직 후 삶에 대해 새롭게 인식하고, 주도적인 준비의 필요성을 느끼게끔 하는 내용을 500단어로 써주고 2. 이 책 내용으로 목차를 써주되 5개 장으로 하고 각 장에 소제목을 10개씩 총 50개를 써줘."

서문 예시

"이제 정말 끝이구나."

55세에 명예퇴직을 받은 김 과장은 마지막 출근길에서 이런 생각이 들었다고 합니다. 30년간 다녔던 회사를 떠나며 느낀 감정은 해방감이 아니라 막막함이었죠. 퇴직금과 연금으로 당분간은 경제적 걱정이 없지만 앞으로 30년을 어떻게 보내야 할지 전혀 감이 오지 않았다고 합니다.

그런데 우리는 이 긴 시간을 어떻게 준비하고 있을까요? 대부분은 경제적 준비에만 집중합니다. 연금을 얼마나 받을 수 있는지 노후자금은 충분한지만 계산하죠. 물론 경제적 준비는 중요합니다. 하지만 그것만으로는 충분하지 않습니다.

퇴직 후의 삶은 단순히 '일하지 않는 시간'이 아닙니다. 이는 새로운 정체성을 찾고 새로운 관계를 맺고 새로운 의미를 추구하는 '인생 2막'입니다. 직장에서의 역할과 타이틀이 사라진 후에도 나는 누구인가? 무엇을 위해 살아갈 것인가? 어떤 사람들과 어떤 관계를 맺으며 지낼 것인가? 이런 근본적인 질문들에 대한 답을 찾아야 합니다.

-중 략-

목차 예시

1장. 퇴직, 끝이 아닌 새로운 시작

   1. 퇴직에 대한 인식 바꾸기

   2. 인생 2막의 특징과 가능성 이해하기

   3. 퇴직 후 겪게 되는 심리적 변화 과정

   4. 성공적인 퇴직자들의 공통점 분석

   5. 나이에 대한 고정관념 깨뜨리기

   6. 퇴직 전후 준비 시점과 단계별 접근법

   7. 가족과 함께하는 퇴직 준비의 중요성

   8. 퇴직 스트레스 관리와 마음가짐 전환

   9. 사회적 편견과 맞서는 법

   10. 새로운 출발을 위한 마인드셋 구축

2장. 진짜 나를 찾는 여행

   1. 직장인 정체성에서 벗어나기

   2. 나의 가치관과 신념 재정립하기

   3. 숨겨져 있던 재능과 관심사 발견하기

   4. 인생 회고를 통한 자기 이해

   5. 강점과 약점의 현실적 파악

6. 미완성된 꿈과 목표 재점검하기
　　7. 새로운 역할과 책임감 찾기
　　8. 자기효능감 회복과 자신감 구축
　　9. 개인 브랜딩과 정체성 정리
　　10. 변화하는 나를 받아들이는 법

3장. 의미 있는 일과 활동 설계하기
　　1. 퇴직 후 일의 새로운 정의와 의미
　　2. 자원봉사와 사회공헌 활동 탐색
　　3. 취미를 넘어선 진지한 여가 활동
　　4. 평생학습과 새로운 기술 습득
　　5. 창업과 소규모 사업 아이템 발굴
　　6. 멘토링과 지식 전수의 기회
　　7. 예술과 창작 활동의 치유 효과
　　8. 여행과 탐험을 통한 시야 확장
　　9. 종교적, 영성적 활동의 역할
　　10. 일과 여가의 균형 잡기

4장. 건강하고 규칙적인 라이프스타일
　　1. 노화에 맞는 건강관리 전략
　　2. 규칙적인 운동 루틴 만들기
　　3. 영양과 식습관 개선하기
　　4. 수면의 질 향상과 생활 리듬 조절

5. 스트레스 관리와 정신건강 돌보기

6. 건강검진과 예방의학의 중요성

7. 약물관리와 만성질환 대응법

8. 뇌 건강과 인지능력 유지하기

9. 안전한 주거환경 조성하기

10. 응급상황 대비와 건강한 노년 준비

5장. 새로운 관계와 공동체 만들기

1. 기존 인간관계의 재정비와 관리

2. 새로운 친구와 동료 만나기

3. 가족 관계의 변화와 적응

4. 부부 관계의 새로운 역할 이해하기

5. 손자녀와의 특별한 유대감 형성

6. 동년배 네트워크와 커뮤니티 참여

7. 세대 간 소통과 멘토-멘티 관계

8. 온라인과 오프라인 소셜 활동 균형

9. 갈등 해결과 건강한 관계 유지법

10. 혼자만의 시간과 타인과의 시간 조화

4
초안 완성하기 A4 용지 100페이지 분량 **실전**

한 권의 책을 완성하려면 책의 구조를 확립하고 각 장과 소제목을 정리해야 한다. 이는 초안 작성의 지침서 역할을 하며 책쓰기 과정의 핵심 단계다. 책을 쓰려면 초안 완성이 가장 중요하다. 초안이 완성되었다 하더라도 본문을 수정보완하여 완성하는 데는 많은 노력이 뒤따라야 한다. 본 장에서는 챗GPT를 활용하여 A4 용지 100페이지 분량의 초안을 한 시간 만에 뚝딱 작성하는 방법을 설명한다.

1) 초안 작성 과정

먼저 목표 설정은 책 한 권 250페이지 전후의 분량이 되는 A4 용지 100페이지로 명확히 설정하는데, 이는 대략 50,000~55,000단어에 해당된다. 이후 총 작업 시간을 계산하고 일일 작성 목표를 설정한다. 예를 들어 하루 10페이지씩 여유를 가지고 10일간에 걸쳐 작성 계획을 세울 수 있다. 여기서는 한 시간 만에 A4 용지 100페이지 초안을 뚝딱 작성하는 방법을 예시로 작성하고자 한다.

2) 1회 작업량

생성형 AI는 종류에 따라 1회 최대 작업량이 다르다. 얼마 전까지만 하더라도 1회 작업량의 한계가 있어서 불편했으나 각 사의 기술 발전과 회사 간의 경쟁으로 1회 최대 작업량이 점점 늘어나고 있다. 예를 들어 Claude4.0은 단어 기준으로 최대 약 8,000~10,000단어까지 한 번에 생성할 수 있다. 하지만 실용적인 관점에서 보면 길어질수록 품질 저하를 가져오므로 1) 최적 품질 범위는 2,000~4,000단어로 이 범위에서 가장 일관되고 높은 품질의 결과물을 얻을 수 있고 논리적 구조와 세부 사항이 잘 유지된다. 2) 양호한 품질 범위: 4,000~6,000단어로, 여전히 좋은 품질이지만 후반부에서 일관성이 약간 저하될 수 있다. 3) 기술적 최대 범위: 6,000~10,000단어로 생성은 가능하지만 품질 편차가 클 수 있고 후반부로 갈수록 반복이나 품질 저하 위험이 있다.

따라서 작업물이 필요하면 챕터나 섹션별로 나누어 작업하는 것이 더 효과적이다. 각 부분을 개별적으로 요청하면 전체적으로 더 높은 품질의 결과물을 얻을 수 있다. 결국 소항목 50개의 분량을 프롬프트를 작성하여 50번에 걸쳐서 작업하는 것이 가장 좋은 결과물을 얻을 수 있다. 한꺼번에 50개를 연속적으로 작성해 달라고 명령하여 작업한다면 1시간 만에 뚝딱 초안을 작성할 수 있지만 여기에서는 품질을 보장하기 위해 5회로 나누어 작업하여 한 번에 소항목 10개씩 초안을 작성해 보도록 한다.

3) 검토와 수정

이렇게 작성한 본문 초안은 어디까지나 기계가 일방적으로 써놓은 글이기 때문에 각 장을 개별적으로 검토하고 내용의 흐름과 논리적 일관성을 확인해야만 한다. 챗GPT가 만든 초안이 저자의 마음에 쏙 들기는 당연히 어려운 일이다. 30~40% 정도만 마음에 든다면 대성공이다. 챗GPT가 쓴 글은 문법 오류, 오탈자는 비교적 적은 편이나 문체의 일관성 등을 점검해야 한다. 다른 문법 검사 도구를 활용할 수도 있다. 본인이 쓴 글은 본인이 오히려 정확히 문제점을 알기 어렵기 때문에 가능하다면 타인에게 초안을 읽어달라고 요청하고 제공된 피드백을 반영하여 개선하는 노력이 필요하다.

전체 문서를 다시 한번 검토하여 모든 장이 목표와 일치하는지 확인해야만 한다. 또한 문서의 포맷을 최종적으로 조정한다. 필요한 시각적 요소를 추가하여 독자들이 읽기 쉽도록 해주어야 한다. 원고가 잘 보관될 수 있도록 하기 위해 완성된 초안을 안전하게 저장하고 여러 위치에 백업을 생성해 둔다.

초안 완성은 책쓰기의 중요한 단계 중 하나다. 초안이 완성되었다면 큰 고비를 넘겼다고 할 수 있다. 챗GPT와 같은 도구를 활용하여 이 과정을 효과적으로 관리할 수 있다. 체계적인 계획과 명확한 지침을 따르는 것이 성공적인 초안 작성의 열쇠다. 책 한 권의 분량에 해당하는 A4 용지 100페이지의 초안을 완성하는 것은 단순히 글을 쓰는 것 이상의 의미가 있다. 작가로서의 능력을 발휘하여 책 출간에 대한 자신감을 갖도록 해주고 일관된 품질의 콘텐츠를 제공하는 기회를 주기 때문이다.

뚝딱 한 시간 만에 본문 초안 쓰기 예시

프롬프트 예시

"1장 소목차 순서대로 본문을 쓰려고 해. 에세이 형식으로 하되 중간에 사례를 하나씩 넣어 각각 1,000단어 길이로 1절에서 10절까지 계속해서 써줘." 챗GPT가 목차대로 작업을 하도록 각 장의 소항목 10개를 같이 입력하면 실수가 없음

1장. 퇴직, 끝이 아닌 새로운 시작

1. 퇴직에 대한 인식 바꾸기: 종료가 아닌 전환점

"퇴직한다는 것은 인생이 끝나는 게 아니야. 새로운 인생이 시작되는 거지."

이 말을 해준 사람은 65세에 퇴직한 이전 상사였습니다. 당시 저는 그 말을 단순한 위로로 받아들였습니다. 하지만 지금 돌이켜보니, 그분의 말에는 깊은 지혜가 담겨 있었습니다.

우리 사회에서 '퇴직'이라는 단어는 종종 부정적인 뉘앙스로 받아들여집니다. 마치 쓸모없어져서 밀려나는 것처럼, 혹은 인생의 마지막 단계로 접어드는 것처럼 여겨지곤 합니다. 특히 한국 사회에서는 일과 삶이 밀접하게 연결되어 있어 직장을 떠난다는 것을 개인의 존재 가치까지 잃는 것으로 인식하는 경우가 많습니다.

박 부장의 이야기를 예로 들어보겠습니다. 30년간 대기업에서 근무한 그는 58세에 명예퇴직을 하게 되었습니다. 처음 몇 달간은 마치 세상에서 자신만 뒤처진 것 같은 기분이었다고 합니다. 아침에 일

어나도 갈 곳이 없고, 전화도 오지 않고, 사람들이 찾지도 않는 현실이 견디기 어려웠죠. 그는 자신을 '사회에서 버림받은 사람'이라고 생각했습니다.

-중 략-

프롬프트 예시

"2장의 소목차 순서대로 본문을 쓰려는데 에세이 형식으로 사례를 하나씩 넣어 순서대로 쓰되 1,000단어 길이로 연속해서 써줘." GPT가 목차대로 작업을 하도록 소항목 10개를 같이 입력하면 실수가 없음

2장. 진짜 나를 찾는 여행
1. 직장인 정체성에서 벗어나기

"저는 누구일까요?"

62세에 퇴직한 한 대기업 상무가 심리상담사에게 던진 첫 번째 질문이었습니다. 35년간 회사원으로 살아온 그에게 이는 단순한 질문이 아니었습니다. 명함에 적힌 직책이 사라진 순간 그는 자신이 누구인지 알 수 없게 되었거든요.

우리는 오랫동안 직장인으로 살아오면서 자신을 직책과 동일시하게 됩니다. "안녕하세요, ○○회사 부장 김○○입니다"라고 자기소개를 하면서 회사와 직책이 곧 자신의 정체성이라고 믿게 되죠. 하지만 퇴직과 함께 이런 외적 정체성이 사라지면 마치 뿌리 뽑힌 나무처럼 흔들리게 됩니다.

정 상무가명의 이야기를 좀 더 자세히 들어보겠습니다. 그는 대학 졸업 후 바로 대기업에 입사해서 줄곧 한 회사에서만 근무했습니다. 과장, 차장, 부장, 이사, 상무까지 올라가며 회사와 함께 성장했죠. 주말에도 골프는 회사 사람들과, 저녁 약속도 업무 관련이 대부분이었습니다. 아내도 "당신은 회사가 전부구나"라고 말할 정도였어요.

-중 략-

5
초안 본문 세부 내용 수정과 다듬기

　챗GPT가 아무리 글을 잘 썼다고 하더라도 학습한 범위 내에서 쓴 글이라 한계가 있다. 게다가 기계이다 보니 기계가 글을 썼다는 특성이 남아 있다. 예를 들면 '우리는' 같은 지시대명사를 많이 쓰거나 '여정' 같은 상투적인 용어나 문장에 콤마 표시가 유달리 많다. 초안을 다듬는 작업은 글의 품질을 결정짓는 중요한 과정이다. AI 냄새를 제거하고 저자만의 색깔을 입히는 마지막 단계다. 이 단계에서는 문법 오류의 수정, 문장 구조의 개선, 스타일과 톤의 일관성 확보 등이 이루어진다.

　전반적인 내용의 논리성과 설득력을 강화해야 한다. 챗GPT가 쓴 초안은 어디까지나 기계가 쓴 글이다 보니 논리적이기는 하지만 딱딱하고 인간적인 온기가 없어 글 전체가 드라이할 수밖에 없다. 특히 개인적인 경험이나 생각을 독자들이 쉽게 이해하고 공감할 수 있도록 전달하는 방법 중 하나가 스토리텔링이다. 이러한 스토리텔링은 인간 작가의 보완이 있어야 완성된다.

　초안을 다듬는 데 있어 AI 활용의 장점은 이를 사용함으로써 많은 시간을 절약할 수 있다는 점이다. 초안 수정 과정을 효율적으로 진행할 수 있고 AI의 정확성은 인간의 눈으로 감지하기 어려운 많은 오류를 감지하고 수정할 수 있게 해준다. 특히 AI는 주관적 판단 없이 일관된 기준에 따라 글을 검토하고 수정하는 역할을 할 수 있다.

초안을 AI로 다듬는 과정은 글의 전문성과 매력을 극대화하기 위한 중요한 단계다. 챗GPT와 같은 도구를 효과적으로 활용함으로써 작가는 보다 높은 품질의 콘텐츠를 생성할 수 있다. 이는 독자에게 보다 큰 가치를 제공해 준다. AI의 도움을 받아 초안 수정 과정을 체계적으로 관리할 수 있고 이를 통해 작가는 더 나은 작품을 창출할 수 있다.

1) AI 활용 문법 오류와 맞춤법 검출

AI 도구를 사용하여 초안의 문법 오류와 맞춤법 실수를 자동으로 검출하고 수정한다. 이는 글의 전문성을 높이고 독자의 신뢰를 얻는 데 기여한다.

구체적 활용 예시

수정 전의 문장이 "이 제품은 매우 유용하고 효과적이여서 많은 사람들이 사용하고 잇습니다"라고 되어 있다면, AI는 이를 "이 제품은 매우 유용하고 효과적이어서 많은 사람들이 사용하고 있습니다"로 자동 수정해 준다.

실제 프롬프트 활용법

"다음 문장의 문법 오류와 맞춤법을 검토하고 수정해 주세요: [텍스트 입력]"

이때 중요한 것은 단순히 오류만 찾는 것이 아니라, 수정된 이유도 함께 설명해 달라고 요청하는 것이다. 예를 들어 "'-이여서'는 '-이어서'가 맞는 표현이며, '잇습니다'는 '있습니다'의 오타입니다"와 같은 설명을 받으면 향후 같은 실수를 반복하지 않을 수 있다.

2) 문장 구조 개선

챗GPT를 활용하여 복잡하거나 어색한 문장을 더 간결하고 명확하게 다듬어주어야 한다. AI는 다양한 대안을 제시하여 최적의 문장 구조를 선택할 수 있도록 도와준다.

구체적 활용 예시

- 수정 전의 복잡한 문장: "이 방법을 사용하면 시간을 절약할 수 있고, 효율성도 높일 수 있으며, 결과적으로 생산성 향상에도 도움이 되는 것은 물론이고 비용 절감 효과까지 기대할 수 있다는 장점이 있다."

AI 수정 후

"이 방법은 세 가지 장점이 있습니다. 첫째, 시간을 절약할 수 있습니다. 둘째, 생산성을 향상합니다. 셋째, 비용을 절감할 수 있습니다."

효과적인 프롬프트

"다음 복잡한 문장을 더 간결하고 읽기 쉽게 나누어 주세요. 각 요점이 명확히 드러나도록 구조화해 주세요. [긴 문장 입력]"

문장 구조 개선 시에는 여러 가지 버전을 요청해 보는 것이 좋다. "같은 내용을 3가지 다른 방식으로 표현해 주세요"라고 하면 다양한 대안 중에서 가장 적합한 것을 선택할 수 있다.

3) 스타일과 톤 조정

초안 전체에 걸쳐 일관된 스타일과 톤을 유지하도록 AI를 사용한다. 챗GPT는 특정 독자층이나 출판 목적에 맞는 스타일과 톤을 제안하여 글의 일관성을 보장하는 데 큰 역할을 해준다.

구체적 활용 예시

- **딱딱한 학술적 톤**: "본 연구 결과에 따르면 해당 방법론의 효과성이 입증되었다."
- **친근한 대화체 톤**: "연구를 통해 확인해 보니, 이 방법이 정말 효과적이었습니다."

독자층별 톤 조정 예시

- **전문가용**: "데이터 분석 결과, 해당 알고리즘의 성능이 기존 모델 대비 15% 향상되었음을 확인했다."
- **일반인용**: "새로운 방법을 써보니까, 이전보다 15%나 더 좋은 결과가 나

왔어요!"

실용적 프롬프트

"다음 글을 20~30대 직장인/중고등학생/전문가가 정중하고 격식 있는/읽기 쉽고 친근한 대화체/전문적이고 객관적인 톤으로 바꿔주세요: [텍스트 입력]"

4) 내용의 일관성 점검

AI를 활용하여 내용의 논리적 흐름과 일관성을 점검하며 필요한 경우 AI는 내용을 재배열하거나 추가적인 설명을 제안하여 글의 이해도를 높여주도록 한다.

구체적 활용 예시

- 논리적 흐름이 부족한 원문: "마케팅 전략이 중요합니다. 그런데 요즘 날씨가 좋네요. 고객 분석을 통해 타깃을 설정해야 합니다. 광고 예산도 고려해야 하고요."

AI 수정 후

"효과적인 마케팅을 위해서는 세 가지 요소를 순차적으로 고려해야 합니다. 첫째, 고객 분석을 통한 정확한 타깃 설정이 선행되어야 합니다. 둘째, 타깃에 맞는 구체적인 전략을 수립해야 합니다. 셋째, 전략 실행을 위한 적절한 예산 배분이 뒷받침되어야 합니다."

내용 일관성 점검용 프롬프트

"다음 글의 논리적 흐름을 검토해 주세요.

1) 주제에서 벗어난 내용이 있는지
2) 논리적 연결이 부족한 부분은 어디인지
3) 내용의 순서를 어떻게 재배열하면 좋을지

구체적으로 지적하고 개선안을 제시해 주세요: [텍스트 입력]"

5) 최종 검토와 마무리

AI를 사용하여 최종 검토를 진행하고 모든 수정 사항이 반영되었는지 확인한다. 이 단계는 출판 전 마지막 점검으로 글의 완성도를 높이기 위해 필수적 절차다.

종합적 점검 항목들

- 제목과 본문의 일치성: 제목에서 의도한 내용이 본문에서 충실히 다뤄졌는가?
- 단락 간 자연스러운 연결: 각 단락이 자연스럽게 이어지는가?
- 반복되는 표현 제거: 같은 의미의 단어나 문장이 불필요하게 반복되지 않았는가?
- 독자 관점에서의 이해도: 해당 분야에 익숙하지 않은 독자도 이해할 수 있는가?

최종 검토용 종합 프롬프트

"다음 글을 출판 전 최종 검토해 주세요.

1) 전체적인 흐름과 구성의 적절성

2) 문체와 톤의 일관성

3) 불필요한 반복이나 중복 표현

4) 독자 입장에서의 명확성과 이해도

5) 제목과 내용의 일치성

각 항목별로 구체적인 개선점을 제안해 주세요: [전체 글 입력]"

실제 활용 전략

최종 검토 단계에서는 AI에게 "까칠한 편집자" 역할을 요청하는 것이 효과적이다. "이 글에서 아쉬운 점이나 개선할 부분을 솔직하게 지적해 주세요"라고 하면 객관적인 시각에서의 피드백을 받을 수 있다.

각 단계별로 별도의 챗GPT 대화를 시작하여 집중적으로 검토하는 것이 가장 효과적이다. 한 번에 모든 것을 요청하기보다는 단계별로 차근차근 진행하면 더 정교하고 완성도 높은 결과를 얻을 수 있다. 특히 각 단계에서 나온 결과를 다음 단계의 입력 자료로 활용하는 순환적 접근법을 사용하면 점진적으로 글의 품질을 향상할 수 있다.

6
일화를 통한 개인화 스토리텔링와 실전 프롬프트

스토리텔링의 중요성

스토리텔링은 책을 쓸 때 중요한 요소 중 하나다. 독자에게 이야기를 전달하는 방식이다. 독자의 관심을 끌고 이야기에 몰입하게 만들며 이야기를 생생하게 전달할 수 있다. 챗GPT가 쓴 글은 논리적이고 체계적인 글이기는 하지만 아무래도 딱딱하고 독자로부터 공감하고 흥미를 유발하는 데는 한계가 있기 마련이다.

개인적인 이야기는 독자의 감정과 직접적으로 연결되어 정보를 더 깊이 있고 기억에 남게 해준다. 복잡한 개념이나 데이터를 실제 사례나 이야기 형식으로 설명하면 이해도가 높아진다. 리스트나 사실들보다 스토리텔링은 기억에 오래 남는다. 이를 잘하기 위해서는 다음과 같은 요소를 고려해야 한다.

- 독자가 공감할 수 있는 이야기를 선택해야 한다.
- 이야기를 흥미롭게 구성해야 한다.

- 인물의 성격과 행동을 잘 묘사해야 한다.
- 이야기의 전개를 예측할 수 없게 만들어야 한다.
- 이야기를 생생하게 전달해야 한다.

이러한 요소를 고려하여 스토리텔링을 하면 독자에게 더욱 친근하게 다가갈 수 있다. 게다가 독자의 관심을 끌고 이야기에 몰입하게 만들 수 있다.

스토리텔링을 위한 실전 프롬프트

1) 개인적 경험 공유
"저자의 개인적 경험을 바탕으로 이 주제에 대한 진정성 있는 이야기를 생성해 주세요."

2) 역사적 사례 소개
"이 주제와 관련된 역사적 사례를 소개하고, 그것이 현재에 어떤 영향을 미치는지 설명해 주세요."

3) 문제 해결 스토리
"주제와 관련된 특정 문제를 해결한 실제 사례를 설명하고, 그 과정에서 어떤 교훈을 얻었는지 이야기해 주세요."

4) 영감을 주는 인물

"이 주제에 영감을 준 인물의 이야기를 들려주고, 그 인물이 어떻게 독자에게 모범이 될 수 있는지 설명해 주세요."

5) 문화적 경험

"다른 문화에서 이 주제를 어떻게 다루는지에 대한 일화를 포함시켜 주세요."

6) 성공과 실패의 스토리

"이 주제와 관련하여 경험한 성공과 실패의 사례를 나누고, 각각에서 얻은 교훈을 공유해 주세요."

7) 비유와 메타포 사용

"이 주제를 더 잘 이해할 수 있도록 비유나 메타포를 사용하여 설명해 주세요."

8) 전환점 이야기

"주제와 관련된 중요한 전환점이 된 사건의 이야기를 풀어 주세요."

9) 대화형 스토리텔링

"이 주제에 대한 인터뷰나 대화 형식의 스토리를 만들어 독자가 이야기의 일부인 것처럼 느끼게 해주세요."

7
챗GPT에 학습시켜 업로드 책과 글쓰기

1) 진짜 이야기를 쓰려면 자신만의 자료가 답

글쓰기 AI가 아무리 발달해도 당신의 인생은 당신만이 알고 있다. 나는 최근 이 사실을 절감하며 자서전이나 수필을 쓰는 사람들에게 한 가지 확신을 갖게 되었다. 진정성 있는 개인 서사를 완성하려면 자신의 경험이나 스토리 같은 원시 자료를 적극적으로 활용해야 한다는 것이다.

일반적인 글쓰기에서 AI는 이미 학습한 방대한 데이터를 바탕으로 훌륭한 결과물을 만들어낸다. 하지만 자서전이나 수필은 근본적으로 다르다. 이 장르의 핵심은 '나만의 경험'과 '나만의 시선'이기 때문이다. 아무리 뛰어난 AI라도 당신이 어릴 적 고향에서 겨울밤에 느꼈던 그 특별한 감정이나 첫 직장에서 겪었던 미묘한 갈등의 순간들을 알 수는 없다.

그렇다면 어떤 자료들이 필요할까?

1. 일기와 메모장은 가장 솔직한 당신의 목소리를 담고 있다.
2. 사진은 기억을 되살리는 강력한 촉매제 역할을 한다.

3. **인터뷰 자료**가 있다면 타인의 시선으로 본 당신의 모습을 객관적으로 파악할 수 있고,
4. **보도 자료**는 공적인 성취와 그 맥락을 제공한다.
5. **강의기록**은 당신의 전문성과 철학이 어떻게 발전해 왔는지 보여주며,
6. **외부 기고문**은 시대별 당신의 사고 변화를 추적할 수 있게 해준다.
7. **편지나 메시지**는 가족, 친구들과 나눈 이야기나 중요한 순간들의 타임라인까지 더해주어 입체적인 자료 기반이 완성된다.

이런 자료들을 업로드하면 AI는 비로소 당신의 진짜 파트너가 된다. 단순히 일반적인 조언을 늘어놓는 대신 자신의 구체적인 경험들 사이의 연결고리를 찾아주고 흩어진 기억들을 의미 있는 내러티브로 엮어준다. 자신이 놓친 패턴을 발견하고 감정을 더 섬세하게 표현할 방법을 제안하며 독자의 관점에서 이해하기 쉽게 구조를 재편한다.

결국 자서전이나 수필 쓰기에서 AI의 역할은 '창조'가 아니라 '정제'다. 자신이 제공한 원석 같은 자료들을 독자에게 전달 가능한 보석으로 다듬어주는 것이다. 진짜 이야기를 쓰고 싶다면 먼저 진짜 자료를 모으는 일부터 시작하라. 서랍 속 일기장이 챗GPT보다 훨씬 귀중한 이유가 바로 여기에 있다. 자료 업로드 방법을 간단히 설명하면 다음과 같다.

업로드 가능한 파일 형태

- 텍스트: PDF, Word 문서.docx, 텍스트 파일.txt
- 이미지: JPEG, PNG 등의 사진이나 스캔 문서

- 스프레드시트: Excel 파일, CSV 파일 등

효과적인 자료 정리 방법
1단계: 자료 분류하기
- 시기별로 정리 어릴 적, 학창 시절, 회사 생활, 퇴직 후
- 주제별로 분류 직업, 가족, 취미, 성장 등
- 중요도에 따라 우선순위 매기기

2단계: 디지털화
- 손글씨 일기나 편지는 스캔하거나 사진 촬영
- 유튜브, 강의영상, 인터뷰 녹음은 텍스트로 변환
- 중요한 부분만 발췌해서 별도 문서 작성

3단계: 맥락 정보 추가
- 각 자료에 간단한 설명 추가 언제, 어디서, 왜 중요한지
- 관련된 다른 자료와의 연결점 메모

자료를 준비했다면 몇 개씩 나누어 업로드하는 게 좋다. 한 번에 너무 많은 자료를 올리기보다는 주제별로 나누어서 차근차근 작업하는 것이 효과적이다.

2) 나만의 이야기를 AI에게 전하는 방법
"어떻게 내 인생의 조각들을 컴퓨터에게 전할 수 있을까?" 최근 자

서전 쓰기를 고민하는 사람들로부터 이런 질문을 자주 받는다. 답은 생각보다 단순하지만 접근법이 중요하다.

우선 당신의 서랍과 하드드라이브를 뒤져보라. PDF로 된 옛날 보고서, Word로 작성한 일기, 휴대폰 속 사진들, 심지어 Excel로 정리했던 인생 계획표까지도 모두 귀중한 자료가 된다. 손글씨로 쓴 편지나 일기는 스마트폰으로 찍어도 충분하다. AI는 이미지 속 글자도 읽을 수 있으니까.

하지만 무작정 모든 파일을 한꺼번에 쏟아붓는 것은 현명하지 않다. 나는 '3단계 정리법'을 추천한다. 먼저 시간순으로, 그다음 주제별로 분류하고 마지막에 중요도를 매기는 것이다. 1990년대 대학 시절 자료를 한 폴더에, 첫 직장 관련 자료를 또 다른 폴더에 넣는 식으로 말이다. "1995년 첫 취업 면접 후 쓴 일기", "아버지가 돌아가시기 전 마지막으로 나눈 대화 녹음"처럼 각 파일에는 짧은 설명을 달아두는 것이 좋다. 이런 맥락 정보가 있으면 AI가 당신의 이야기를 훨씬 더 깊이 있게 이해할 수 있다.

기술적인 업로드 방법은 각 플랫폼마다 다르겠지만 대부분 파일을 끌어다 놓거나 첨부 버튼을 클릭하는 방식이다. 구체적인 조작법이 궁금하다면 해당 서비스의 고객지원 페이지를 참고하는 것이 가장 확실하다.

무엇보다 중요한 것은 욕심내지 말고 천천히 시작하는 것이다. 첫날에는 가장 중요한 자료 서너 개만, 그다음에는 관련된 자료들을 조금씩 추가해 가며 작업하라. 마치 친구에게 자신의 이야기를 차근차근 들려주듯이. 당신의 인생이 담긴 그 낡은 수첩이나 오래된 사진이

곧 디지털 세상에서 새로운 생명을 얻게 될 것이다. 기술은 복잡해 보이지만 진짜 중요한 것은 당신이 간직한 그 소중한 기억들이다. 이제 그것들을 세상에 내놓을 시간이다.

3) 업로드한 자료로 뚝딱 자서전 한 권 쓰기 실전

자료 업로드의 핵심 원리

"내 인생 이야기를 책으로 쓰고 싶은데 어떻게 시작해야 할까요?" 최근 들어 이런 질문을 자주 받는다. 답은 의외로 간단하다. 당신의 서랍 속 일기장과 휴대폰 속 사진부터 시작하라는 것이다.

일반적인 AI 글쓰기와 개인 서사는 근본적으로 다르다. 챗GPT가 아무리 뛰어나도 당신이 1995년 첫 직장에서 느꼈던 그 설렘과 불안, 2010년 아버지와의 마지막 대화에서 흘린 눈물의 의미를 알 수는 없다. 바로 이 지점에서 개인 자료의 위력이 발휘된다.

진정성 있는 책을 쓰려면 먼저 자신만의 원시 자료를 체계적으로 준비해야 한다. 오래된 일기와 메모장은 가장 솔직한 당신의 목소리를 담고 있고 사진은 잊혀진 기억을 되살리는 강력한 촉매제가 된다. 여기에 인터뷰 자료, 보도 자료, 강의기록, 기고문까지 더해지면 입체적인 자료 기반이 완성된다. 가족이나 친구들과 주고받은 편지나 메시지, 중요한 순간들의 타임라인까지 모으면 AI는 비로소 당신의 진짜 파트너가 된다.

개인 자료를 활용한 책쓰기는 일반적인 AI 글쓰기와 완전히 다른 접근이 필요하다. 챗GPT가 아무리 뛰어나도 당신만의 경험과 이야기는 알 수 없기 때문이다. 따라서 진정성 있는 책을 쓰려면 반드시 자신의 원시 자료를 체계적으로 업로드해야 한다.

업로드 자료로 서문과 에필로그 작성

서문 작성 프롬프트

"업로드한 내 개인 자료일기, 사진, 인터뷰 등를 바탕으로 이 책을 쓰게 된 개인적 동기와 저자의 진정한 이야기가 담긴 서문을 500단어로 작성해 줘. 특히 [특정 사건이나 경험]에서 느꼈던 감정과 깨달음을 중심으로 독자에게 감동을 줄 수 있도록 써줘."

에필로그 작성 프롬프트

"업로드한 나의 인생 여정 자료들을 종합하여, 독자가 내 이야기에서 얻을 수 있는 핵심 교훈과 미래에 대한 희망적 메시지가 담긴 에필로그를 400단어로 작성해 줘. 내가 겪은 변화와 성장 과정을 바탕으로 독자에게 실질적인 조언을 제공해 줘."

개인 자료 기반 목차 50개 작성

목차 작성 프롬프트

"업로드한 내 개인 자료들시기별 일기, 주요 사건 기록, 인터뷰 등을 분석하여 내 인생의 핵심 주제와 경험을 바탕으로 5개 장의 대목차와 각 장마다 10개씩 총 50개의 소목차를 체계적으로 작성해 줘. 시간순 배열보다는 주제별 배열로 하되 각 소목차가 내 실제 경험과 연결되도록 구성해 줘."

🔍 **세부 지침:** 각 소목차는 업로드한 구체적 사건이나 경험과 연결되어야 하며 단순한 이론이 아닌 개인적 체험담 중심으로 구성해야 한다. 예를 들어 "성공하는 법"이 아니라 "1995년 첫 사업 실패에서 배운 진짜 교훈"처럼 구체적이고 개인적인 제목으로 만들어야 한다.

업로드 자료 기반 본문 작성

본문 작성 프롬프트

"1장 소목차 순서대로 본문을 쓰려고 해. 업로드한 내 개인 자료특히 [구체적 자료명]를 충분히 활용하여 에세이 형식으로 하되, 각 소목차마다 내 실제 경험 사례를 중심으로 1,000단어씩 1절에서 10절까지 연속해서 써줘. 일반적인 조언이 아닌 내가 직접 겪은 구체적인 상황과 그때의 감정, 깨달음을 생생하게 담아줘."

🔍 **품질 확보 요령:** 각 장별로 나누어 작업하되 업로드한 자료의 맥락을 충분히 반영하도록 구체적인 자료명과 활용 방향을 명시해야 한다. 단순히 "내 경험을 써줘"가 아니라 "2010년 일기에 나온 직장 갈등 상황을 바탕으로"처럼 구체적으로 지시해야 한다.

최종 완성도 높이기

업로드 자료 기반 초안이 완성되면 "업로드한 내 자료의 일관성을 바탕으로 전체 원고의 톤과 메시지가 통일되도록 점검하고 수정해줘"라는 프롬프트로 마무리한다. 이렇게 하면 단순한 정보 나열이 아닌 진정성 있는 개인의 이야기가 담긴 완성도 높은 책 원고를 얻을 수 있다.

제5장

챗GPT를 활용한
책 출간과 적용 사례

1
챗GPT를 활용한 자서전 쓰기

자서전, '자전적 에세이'로 달라지고 있다

지금은 '자서전 시대'라고 할 만큼 자서전을 쓰려는 사람들이 많다. 인터넷, 블로그, 모바일로 이어지는 SNS 시대를 맞이하면서 누구나 글을 쓰는 시대가 되었기 때문이다. SNS 시대는 누구나 글을 쓰는 '나 홀로 작가'의 시대다.

자서전을 쓰려면 어떤 자서전을 쓸 것인지를 먼저 정하고 시작해야 한다. 자신의 인생을 태어나서부터 시계열별로 연대기를 그대로 나열해서는 자서전으로서 성공할 수 없다. 어린 시절 성장 과정부터 최근 활동상황까지 인생 전체의 내용을 총망라한 자서전은 독자들로부터 외면받기 쉽다. 단순한 기록이나 서술보다는 특정 시점에서 일어난 사건이나 꼭 남기고 싶은 이야기를 에세이 형식으로 쓴 글이 오히려 독자에게 공감을 얻을 수 있다. 소위 '자전적 에세이'가 요즘 인기를 끌고 있는 이유다.

자서전은 자신이 읽기 위해서 쓰는 것이 아니라 다른 사람들을 위해서 쓰는 기록물이다. 물론 혼자 기록해 두기 위해서 자서전을 쓴다고 하는 분들도 있지만 독자가 없는 글이라면 굳이 힘들여서 책을 만들 필요가 있을까?

자서전은 나만의 기록이지만 다른 사람에게도 읽을 만한 가치가 있다고 생각될 때 그 의미가 크다. 자신의 삶을 정당화하기 위한 기록이라면 다른 사람을 설득해야 한다. 그래서 내 자서전은 어떤 방식과 내용으로 기록할지를 생각해 봐야 한다.

자서전의 경우 챗GPT가 나의 사적인 경험과 노하우를 알 리가 없기 때문에 활용할 가치가 없다고 단정해서는 안 된다. 챗GPT가 내 머릿속에 있는 기억이나 경험을 대신 써줄 수는 없지만 보조수단으로 활용한다면 얼마든지 유용하다.

챗GPT는 인터뷰 형식의 대화에서 주요 정보를 추출하고 그 내용을 재구성하여 문서화하는 데 사용될 수 있다. 사용자가 자신의 경험과 기억에 대해 이야기하면 AI가 이를 구조화된 자서전 형식으로 변환해 준다. 더욱이 요즘에는 말로만 해도 텍스트화되는 기능 Speech to Text과 쌍방향 대화형 챗GPT 기능도 생겨서 말만으로도 얼마든지 글을 쓸 수 있다. 이 텍스트 초안을 다시 챗GPT의 도움을 받아서 여러 번 다듬어 완성해 가면 된다.

많은 경우 자서전을 왜 이렇게 썼을까 싶을 때가 있다. 자신의 개인적인 인생과 주장을 담은 책은 가족도 읽지 않는다. 심지어 평생을 함께 살아온 아내나 남편에게 보여줘도 읽지 않는 경우가 많다. 뻔하고 답답한 자신의 주장과 인생을 읽고 싶어 하지 않기 때문이다. 그래서 정치인의 출판기념회뿐만 아니라 일반인의 출판기념회에 다녀

와도 그런 책은 왠지 손이 가지 않는다.

적어도 자서전이 자서전으로서의 기본적인 품격은 갖춰야 한다. 즉, 책의 품격을 가져야 한다는 뜻이다. 혼자 읽는 일기가 아니라 여러 사람이 읽는 공공성을 띠기 때문이다. 자서전의 내용으로 나만이 쓸 수 있는 특별한 면을 우선 부각시켜야 한다. 누구나 자신만이 가진 특별함이 있다. 자신만의 개성을 담을 수 있다면 책의 기본 품격을 지켰다고 할 수 있다.

자서전은 출간 목적과 발간 시점을 먼저 정한다

누구나 자서전을 한 번쯤 쓰고 싶어 한다. 하지만 어디에서 시작해야 할지, 어떻게 써야 할지, 무엇을 써야 할지 막막하고 난감할 수밖에 없다. 자서전을 쓰려면 그 목적을 분명하게 하는 것이 제일 먼저 할 일이다. 그렇지 않으면 도중에 포기하는 경우가 많다. 자서전을 쓰고자 하는 시니어 중 자식들을 위해서 또는 가족을 위해서 쓰겠다고 하는 분들이 꽤 많이 있다. 그런 경우는 대개 실패할 확률이 높다.

자서전이 나올 날짜를 미리 정해 두고 시작하는 것도 매우 중요하다. 목적이 정해지고 출판될 기념비적인 날을 정하면 성공 가능성이 훨씬 높아지기 때문이다. 인생에서는 누구에게나 소중한 '그 어느 날'이 있게 마련이다. 그중의 하나가 환갑, 칠순, 팔순 같은 특정한 이벤트 날이나 결혼 50주년, 혹은 오랫동안 다녔던 직장에서 퇴직기념집을 내는 것도 성공시킬 수 있는 하나의 방법이다.

현미경과 망원경이 동시에 필요하다

 자서전의 목적은 분명하다. 나를 주장하거나 변호하기 위해서 기록하는 한 사람의 일대기이거나 삶을 종합적으로 정리한 일대기다. 그것도 아니라면 적어도 "내 인생은 이랬다"라고 말하고 싶은 동기에서 자서전은 출발한다. 철학적인 회고, 참회, 고백도 있지만 이 또한 자기변호가 중심에 들어있다.
 자기 인생을 정리하는 데 있어서 자신에게는 소중하지만 사실 멀리서 보면 그 인생이 그렇게 대단하지 않을 수 있다. 자신이 경험한 질곡 같은 삶이나 처절한 성공담이 다른 사람에게는 감동을 주지 못할 수도 있다. 왜냐하면 모든 사람은 세상 풍파를 겪으며 살기에 그 인생이 그 삶이고 그 정도의 쓰라린 경험은 거의 다 가지고 있는 경우가 많기 때문이다. 자서전이 일대기인 것은 틀림없지만 단지 시계열적으로 사건이나 경험을 단순하게 나열해서는 결코 독자에게 감동을 주는 글이 될 수 없다.
 자서전을 쓸 때는 현미경과 동시에 망원경을 동원해야 한다. 다시 말하면 현미경은 여러 사건 중에서 두루뭉술하게 나열하는 게 아니라 하나를 집중적으로 파고들어 상세하고도 현장에 있는 것처럼 생생하게 표현하여 시선을 끌어내야 한다는 의미다. 예를 들어 아버지에 대해서 훌륭한 아버지의 일대기를 묘사할 게 아니라 열 등분하여 그중에서 남기고 싶은 몇 개만을 집중해서 쓴다.
 망원경은 그러한 사건들을 단순하게 계속 나열하는 데 그치면 별 의미가 없다는 뜻이다. 그러한 생생한 스토리가 전개되는 가운데 독자들이 읽고 나면 무언가 가슴에 와닿는 의미나 메시지가 글 안에 숨겨져 있어야 한다. 큰 의미가 없다면 최소한 스토리가 재미있고 흥미진진하여 눈을 뗄 수 없는 경우라면 좋다.

자서전은 솔직하고 사실 그대로 써야 한다

요즘 자서전이 넘쳐날 정도로 많이 나오고 있는 것은 참으로 좋은 일이다. 그러나 읽히지 않는 자서전은 의미가 없다. 그 대표적인 경우가 정치인의 자서전이다. 대부분 정치인의 자서전은 자신이 직접 쓰는 경우가 드물다. 자서전을 쓰는 목적이 독자를 감동시키기 위한 것이 아니고 자신을 과대 포장하여 잘 보이려고 쓰거나 출판기념회를 통해 정치자금을 모을 목적인 경우가 많다. 그 때문에 솔직하지 않고 힘이 들어가 있다. 복싱을 할 때 상대방을 제대로 타격하려면 팔에 힘을 빼야 하는 것처럼 글에도 힘이 들어가면 본래의 맛을 잃고 조미료 맛만 남게 되어 읽을 재미가 없어진다.

솔직하지 못한 자서전은 흔히 완벽한 인격자인 체 꾸미고 다니는 인간에게서 역겨움을 느끼게 되듯 어쩐지 공감할 수 없게 마련이다. 지나친 자랑이나 다른 사람에게 무언가 가르치려는 글이나 자신이 다른 사람에게 완벽하게 보이려고 애쓰는 글은 얼마나 자신감이 없기에 저렇게 안달일까 하는 안타까움마저 불러일으킨다. 자신의 약점이나 상처까지 있는 그대로 털어놓으면서 진솔하게 쓴 글은 소설이 그렇듯 삶의 진실에 보다 근접하고 있어 읽는 이를 감동시킨다.

영혼이 없는 대필 자서전의 허상

스티브 잡스의 자서전을 쓴 사람은 월터 아이작슨Walter Isaacson이다. 외국에서는 본인이 구술을 하면 전문작가가 자서전을 대필해 주고 전문작가의 이름으로 책이 출간된다. 우리나라는 그렇지 않다. 누가 보아도 그 사람이 그런 글을 쓸 수 있는 능력이 없는데 버젓이 자기가 쓰지 않은 책에 자기 이름을 넣는다. 그러면 책을 써 준 사람은 유령이 되고 책에는 책을 썼다고 하는 사람의 영혼이 담겨 있지 않다. 도리어 누가 썼는지 밝혀지면 곤란하기 때문에 대필로 쓴 책의 출판기념회에는 대필작가를 절대 초대하지 않는다.

그런 이유 때문인지 우리나라에서는 미국이나 일본과는 달리 서점가에 자서전 시장이 형성되어 있지 않다. 대부분 자서전을 펴낸 사람의 주변 사람들에게 그 책을 나누어 주고 끝난다. 자기만족, 자기 과시를 위한 허례허식적 요식행위에 지나지 않는다. 그 책을 받은 사람들은 거의 책을 읽지 않는다. 그런 책이 무슨 의미가 있겠는가?

필자의 지인인 신 작가는 50권 이상 책을 내면서 십여 명의 자서전을 대필한 경험이 있다. 어느 정도 출세를 했거나 돈을 좀 벌었다는 사람들이 자서전을 쓰겠다고 나서는데 몇 차례 인터뷰해 보면 그 사람들의 인생에는 특별한 것이 없다고 한다. 그러다 보니 자서전을 쓰겠다는 사람도 시들해지고 작가는 작가대로 영혼을 파는 작업을 하는 것만 같다고 말한다. 그래서 신 작가는 자서전 대필 작업을 더는 하지 않는다.

자서전은 자기가 직접 써야 한다. 저자가 온 정성과 진정한 마음을 담아 진실하고 솔직하게 직접 써서 만들어야 훌륭하고도 의미 있는 자서전이라 할 수 있다. 설령 서점에서 아무도 사지 않았다 해도 책을 쓴 사람이 그 책에 자신의 열정과 진심을 담아내고자 했다면 세상에 나온 것만으로도 그 책은 세상 무엇과도 바꿀 수 없는 최고의 자서전이 될 수 있다.

AI 작가 코칭을 통한 책쓰기, 대필과 무엇이 다른가

'디지털책쓰기코칭협회'는 기존 책쓰기 학원이나 코칭 방식과는 차별화된 방법을 제시한다. 그중 하나가 스마트폰에 제공되는 앱이나 챗GPT 기술을 접목하여 AI 작가 코칭을 통해 진행하는 점이다. 이는 기존 방식과 차별화되고 새로운 방식의 코칭이다.

스마트폰 무료 앱 기술들을 활용하면 이를 상당 부분 말하기로 대체할 수 있고 장시간 책상 앞에 앉아 있어야 하는 신체적 고통에서 해방될 수 있다. 실제로 이 책을 완성하는 데 이러한 기술들을 적용하여 책을 쓰다 보니 컴퓨터 타이핑 작업의 경우보다 1/3 이상 줄일 수 있었다. 말만 해도 글이 되고 이미지를 찍기만 해도 글이 되는 세상이다. 챗GPT를 활용한다면 초보 시니어들도 코치와 함께 진행하기 때문에 마음만 먹으면 누구나 도전해 볼 만하다.

여기서 중요한 것은 코치의 역할이다. 앞에서 언급한 AI 기술을 가진 코치들이 자신의 경험이나 전문성을 발휘하여 가능한 한 스스로 직접 쓸 수 있도록 기획서부터 책이 나올 때까지의 프로세스에서 코칭하는 역할이다. 가르치기보다는 철저한 도우미 역할을 한다.

　코치는 해당 출판사에 소속되어 활동하되 출간기획서부터 책이 발간되어 세상에 나올 때까지 원스톱 서비스를 수행하는 것을 원칙으로 한다. 코치는 책을 써본 경험을 가진 작가들이 활동하게 되는데 기본적으로 경력이나 전문성에 따라 구분하며 분야별 혹은 경력별로 풀을 구성하여 저자의 수준에 맞게 선정하여 운영하게 된다.

　따라서 출판사의 경우도 분야별 특성이 있고 강점이 다른 바 분야별로 구분하여 복수의 출판사를 풀로 운영한다. 출판사와 코치는 전문서적, 자서전, 수필, 경제경영, 자기계발, 종교 등 다양한 분야로 구분하여 복수로 지정되어 운영하기 때문에 저자가 필요에 맞게 임의로 선택이 가능하도록 하고 있다. 개별 코칭 유형을 굳이 나누어 본다면 세 가지로 나눌 수 있다.

유형	AI코칭 과정의 특징	기간	AI코칭 방법
A형	자서전이나 전문서적을 출간하기 위해 상당 부분 원고나 자료 등 사전 원고 준비가 되어있어서 약간의 코치 도움만 필요한 경우	3개월	책자 원고가 거의 완성되어 가벼운 윤문, 편집, 본문과 표지 디자인 등 출간 프로세스 중심의 코칭을 통해 단기간 내에 출판 가능하도록 연결
B형	출간을 위한 준비가 되어 있으나 상당 부분 내용 자료를 추가하거나 보완이 필요하여 전문코치 등 외부의 도움이 필요한 경우	6개월	완성되지 않은 원고, 메모나 일기 등 글을 써놓은 경우 전문작가들의 코칭을 통해 완성된 글로 수정보완해서 글쓰기 중심의 AI코칭을 통해 최종 출판과 연계 추진
C형	자서전, 자기계발서, 전문서적 등을 꼭 내려고 계획하고 있으나 준비가 안 되어 있거나 컴퓨터 활용이 자유롭지 않아 외부의 도움이 절대적으로 필요한 경우	12개월	출간기획서부터 목차를 정하고 본문에 이르기까지 왕초보 수준의 저자가 AI 기술을 활용하여 최종 출판될 때까지 전 과정 코칭

AI 책쓰기 코칭의 놀라운 효과

AI 기술을 활용해서 본인이 직접 쓰면 내용이 충실해지는 것은 물론이고 2천만~3천만 원의 경비도 쓰지 않고도 출판이 가능해진다는 사실을 알 수 있다. 대필로 써주는 것보다는 전문가가 옆에서 가이드를 해주고 방법을 코칭하면서 직접 쓰도록 하는 방법이 책쓰기 코칭의 핵심이다. 그런 의미에서 책쓰기 코칭을 통해 책을 쓰면 어떤 이점이 있을까?

첫째, 책의 콘텐츠가 충실해지며 내용도 단단해진다. 직접 쓰기 때문에 스토리가 사실에 가깝고 흥미 있게 전개된다. 내용이 계속 좋아지면서 출판사도 같이 노력하여 상품 가치가 몰라보게 올라간다. 대필의 경우와는 비교가 되지 않는다.

둘째, 자비출판으로 할 경우에는 출판사들이 어차피 받은 돈이라 단지 윤문 정도를 해주고 찍기만 하는 경우가 많다. 또 책이 나와도 지인들에게 나누어 주고 끝난다. 그에 비해 저자와 출판사가 정성을 들인 책은 시판이 가능하기에 본인은 물론이고 출판사와 같이 노력해서 상품가치를 높여 시중 판매가 가능하다.

셋째, 직접 책을 쓰려면 상당한 노력을 해야 한다. 자료도 찾아봐야 하고 여러 고민도 해야 하기 때문에 시간이 무척 잘 간다. 그러다 보면 시니어들은 정신 건강도 좋아지고 주말에 시간을 효율적으로 활용하게 되어 삶의 새로운 활력소를 갖게 된다.

넷째, 계속 노력한다면 생각보다 좋은 책이 되어 베스트셀러가 될 수도 있다. 좋은 책은 신문이나 잡지에서 홍보도 해준다. 이 경우에 책이 히트를 치고 널리 알려지면 강의로도 연결될 수 있다. 또한 방송 출연의 기회도 생길 수 있어 몸값이 올라갈 수도 있다.

다섯째, AI를 활용하고 구글 공유 기능을 활용하여 스마트워킹을 통해 비대면 방식으로 공유문서나 줌 같은 앱을 활용하여 진행한다면 소요되는 시간이나 경비를 대폭 줄일 수 있다.

마지막으로 가장 중요한 것은 대필의 경우 그 책으로 끝이지만 본인이 책을 직접 쓴 분은 반드시 다음 책을 내기 위해서 다시 도전을 할 것으로 본다.

따라서 책을 대신 써주기보다는 전문가가 코칭을 통해서 출판사와 같이 협업으로 책이 나올 때까지 도와준다면 출판사나 작가 그리고 저자에게도 가치 있고 의미 있는 일이다. AI로 책쓰기 코칭이야말로 지금까지의 자서전 출판에서는 볼 수 없는 새로운 장이 열린 셈이다.

TIP

시니어들의 복음 '디지털 AI 책쓰기 강좌'

"이번 교육은 시니어들에게 그야말로 복음과 같았습니다."
"금번 교육은 가성비와 옥탄가 높은 공부, 너무 고맙습니다."
"시니어들에게 여명의 밝음을 주었는데 천만 시니어가 다 들었으면 좋겠습니다."

시니어를 대상으로 2017년 초에 '스마트폰으로 책쓰기' 과정을 처음 개설하여 교육을 마친 후 교육생들이 보내준 소감이다. 사실 그 당시에 시니어들을 위한 스마트폰으로 책과 글쓰기 과정은 2~3회로 끝날 것으로 생각했다. 왜냐하면 스마트폰으로 책이나 글을 쓴다는 사실을 아무도 믿어주지 않아 교육생 모집이 지속적으로 가능하지 않았기 때문이다.

그런데 예상하지 않았던 일이 벌어졌다. 교육을 받고 난 분들이 구전으로 과정을 다른 분들에게 추천해 주기 시작했다. 그야말로 '고객에 의한 고객 개발'인 셈이 되었다. '말로만 해도 글이, 찍기만 해도 글이 된다'는 사실에 모두들 놀라고 왕초보들도 책쓰기에 도전할 수 있는 용기와 희망을 주는 계기가 되었기 때문이다. 지금은 챗GPT 과정을 넣어서 하루에 책 한 권 끝내기로 운영하면서 2025년 7월 76회차를 진행할 정도로 장수 프로그램이 되었다.

"저는 칠십 평생에 이런 도움되는 감동의 교육은 처음입니다."

5년 전 은퇴하신 모 대학 노 교수의 교육소감이다. 실제로 스마트폰 강의에서 가장 어려운 상대가 교수님들이다. 그런데 이 과정에서 열심히 들어준 분들 중에서는 65세로 교수에서 은퇴하신 총장님도 여러 분 계셨다. 그동안 조교나 남들이 타이핑부터 번역까지 전부 도와주다 보니 손이 묶여, 하고 싶은 일들을 할 수 없었기 때문에 감회가 남달랐던 것 같다. 그다음으로는 대기업에서 퇴임한 사장과 임원들도 열심히 들어주셨다. 역시 이분들도 부하직원의 도움으로 모든 게 가능했는데 막상 은퇴하고 나서 홀로서기에는 역부족하면서도 새로웠을 것이다. 이제 스마트폰에다 챗GPT라는 똑똑한 비서와의 동행을 하는 사람과 그렇지 않은 사람의 삶의 질은 하늘과 땅 차이로 더 벌어질 것이다.

챗GPT를 활용한 자서전 쓰기의 효용성

앞에서 자신의 경험이나 이야기를 정리한 일기장, 메모 강연자료 기고문 등을 업로드해 챗GPT에 학습을 시켜서 활용한다면 자기가 원하는 수준의 글을 쓸 수가 있다. 챗GPT를 활용한 자서전 쓰기의 효용성은 이외에도 많이 있다.

첫째, 대화를 재구성할 수 있다. 챗GPT는 인터뷰 형식의 대화에서 주요 정보를 추출하고 그 내용을 재구성하여 문서화하는 데 사용될 수 있다. 사용자는 자신의 경험과 기억에 대해 이야기하고 AI는 이를 구조화된 자서전 형식으로 변환해 준다. 더구나 요즘에는 말로만 해도 텍스트화되는 기능 Speech to Text도 생기고 쌍방 대화형 기능도 생겨서 말만으로도 얼마든지 글을 쓸 수 있다. 이 텍스트 초안을 다시 챗GPT의 도움을 받아서 여러 번 다듬어 완성해 가면 된다.

둘째, 기억의 정확성 향상을 도모한다. 사람들은 종종 오래된 기억의 세부 사항을 잊어버리기 쉽다. 챗GPT는 과거의 사건들에 대한 정보를 보완하고 연대기적 순서대로 배열하여 독자가 이해하기 쉽게 만드는 데 도움을 줄 수 있다. 예를 들면 프롬프트에 "어릴 적 보릿고개 시절의 농촌 모습을 생생하게 기억나게 하는 재미있는 장면을 몇 가지 소개해 줘"라고 주문하면 그 당시의 시골 풍경과 재미있는 이야깃거리를 알려주며 이를 아이디어로 삼아 자기 글로 만들면 된다.

셋째, 감정적 표현의 강화가 가능하다. 자서전은 개인의 감정적 여정을 반영해야 하는데 챗GPT는 다양한 감정적 상황을 묘사하는 데 사용될 수 있는 언어적 뉘앙스를 제공하여 글에 깊이와 감성을 더할 수 있다.

넷째, 문체와 톤의 일관성 유지에 효과적이다. 자서전은 일관된 문체와 톤을 유지하는 것이 중요하다. 챗GPT는 전체 문서를 통해 일관된 스타일과 톤을 유지하도록 도와줄 수 있다. 이는 특히 책 한 권을 완성해 나가는 긴 작업 과정에서 매우 유용하다.

다섯째, 사실 검증과 추가 연구가 가능하다. 챗GPT는 과거 사건, 날짜, 장소 등에 대한 사실을 검증하고 추가적인 배경 정보를 제공하는 데 사용될 수 있다. 이는 자서전의 정확성과 풍부함을 높이는 데 기여한다. 예를 들어 프롬프트에 대고 "1970년대 일어났던 굵직한 정치적 사건을 자세하게 알려줘"라고 물으면 그 당시의 사건들을 시간순으로 상세하고도 구체적으로 알려준다.

여섯째, 초안 수정과 편집이 용이하다. 초안 수정과 편집 과정에서 챗GPT는 문법적 오류를 수정하고 문장을 더 효과적으로 다듬는 데 도움을 줄 수 있다. 문서의 흐름과 구조를 개선하는 데도 중요한 역할을 해준다. 심지어는 다 완성된 문장이라도 좀 더 쉽게 한다든지 길이가 긴 경우 요약해 달라고 주문한다면 얼마든지 깔끔한 문장으로 변환이 가능하다.

일곱째, 개인적 경험의 보편적 메시지 추출이 가능하다. 자서전이 단순한 생애 이야기를 넘어 독자에게 영감을 주는 작품이 되도록 하려면 단지 자신의 경험이나 의견만을 가지고는 한계가 있다. 자신의 이야기에 기반을 두되 30% 정도로 하고, 보다 전문성을 가진 내용이 70% 정도 들어가야 한다. 인터넷을 봐도 나오지 않는 새로운 내용이 풍부하게 들어 있어야만 독자들의 마음을 잡을 수 있다.

출판기념회로 한국형 생전 이별식

살아서 하는 '생전 장례식'이 우리나라에서도 벌써 시작되었다. 자서전을 쓰고 출간기념회 행사를 일본에서 유행하고 있는 생전장生前葬을 대신해서 하는 것이다. 생전 장례식을 연 서길수 전 서경대 교수는 2009년 정년퇴직 후 강원도 산사에 들어가 3년간 죽음을 공부했다. 서 교수는 "죽음이란 익은 과일이 떨어지는 것"이라며 "제 장례식에 초대한다"라는 문구의 희한한 부고를 보냈다. 제목이 "살아서 하는 장례식과 출판기념회"였다.

담낭암 말기 판정을 받은 내과의사 출신의 캐나다 교포 이재락 박사는 당시 83세였다. 이 박사는 느닷없이 캐나다 토론토의 《한국일보》에 공개편지를 보냈다. 제목은 "나의 장례식"이었다.

"죽어서 하는 장례는 아무 의미가 없다. 살아서 따뜻한 밥 같이 나누자."

이 박사는 거동도 하고, 말도 하고, 몸이 덜 아플 때 지인들과 친지를 모시고 멋진 곳에서 좋아하는 음식을 먹으며 지금까지 살아온 삶의 끝마무리를 하고 싶었다고 한다. 이를 장례식이라 해도 좋고, 마지막 작별인사 모임이라 불러도 좋다고 하면서 와인을 곁들인 사전 장례식 잔치를 멋지게 진행했다.

2023년 10월, 안양에 있는 '마벨리에'에서 유중희 작가가 '사전고

별식'을 치렀다. 고희를 맞이하여 『당신도 바보로군!』이라는 저서를 발간한 유 작가는 '사전고별식'과 출판기념회를 겸해 지인 100여 명이 참석한 가운데 간소하게 치렀다.

유중희 작가는 인사말을 통해 "제가 죽기 전에 오늘이 마지막인 분들도 계시리라 믿는다"라며 "제가 죽으면 여러분들에게 연락이 가지 않을 것이지만, 49재를 마치고 저의 자식이 '49일 전에 부친이 하늘나라로 여행을 떠났다'고 알려드릴 것이다"라고 하면서 작별의 인사를 고했다.

2
챗GPT로 자기계발서 쓰기

챗GPT가 사실에 근거하거나 이미 공개된 많은 정보를 활용할 수 있기 때문에 책을 쓰는 데 있어서 자기계발서가 매우 유리하다고 생각된다. 자기계발서는 독자들에게 개인 성장, 역량 개발 그리고 생활의 질 향상을 목표로 제공되는 콘텐츠를 담고 있다. 챗GPT를 활용하여 자기계발서를 작성하는 경우 인공지능이 제공하는 데이터 기반의 인사이트와 인간 저자의 경험을 결합하여 보다 깊이 있는 지침을 제공할 수 있다. 이 장에서는 챗GPT를 활용한 자기계발서 콘텐츠 생성 사례를 살펴보도록 한다.

1) 다양한 주제 선정과 초안 작성

챗GPT를 활용하여 자기계발의 다양한 주제를 선정할 수 있다. 예를 들어 시간 관리, 스트레스 감소, 커뮤니케이션 기술 향상 등이 있으며 AI는 관련된 데이터와 연구 결과를 제공하여 주제의 중요성과 관련성을 강조할 수 있다. 또한 챗GPT를 사용하여 제공된 기본 내용에서 확장할 수 있다. 예를 들어 시간 관리 기술을 다룰 때 다양한 직업군과 생활 패턴에 맞는 조언을 추가로 생성할 수 있다.

초안 작성 단계에서는 챗GPT에 주제별로 상세한 콘텐츠 아이디어를 생성하도록 요청한다. AI는 각 주제에 맞는 구체적인 조언, 일화 그리고 실행 가능한 전략을 제시하여 초안을 구성해 준다.

2) 다양하고 전문적인 정보 수집

챗GPT는 인터넷에서 수집한 다양한 정보를 활용할 수 있다. 자기계발서를 쓰는 데 필요한 정보를 빠르게 수집하고 이를 바탕으로 글을 쉽게 작성할 수 있다. 예를 들어 자기계발서의 주제가 '효율적인 시간 관리'라면 챗GPT는 시간 관리에 대한 다양한 정보수집은 물론이고 시간관리에 대한 보고서나 연구논문 등을 찾아서 인용해 시간 관리 방법을 제시할 수 있다.

3) 문장 생성 능력

챗GPT는 문장 생성 능력이 뛰어나기 때문에 자기계발서를 쓰는 데 필요한 문장을 매우 빠른 속도로 자동 생성해 주어 글을 쓰는 시간을 획기적으로 단축할 수 있다. 예를 들어 자기계발서의 주제가 '목표 달성'이라면 챗GPT는 목표 달성에 대한 문장을 자동으로 생성해 줄 수 있다.

4) 글의 일관성 유지

챗GPT는 글의 일관성을 유지하는 데 도움을 주기 때문에 글의 주제와 내용에 맞게 문장을 생성해 주어 글의 일관성이 유지될 수 있도록 해준다. 예를 들어 자기계발서의 주제가 '자기계발'이라면 챗GPT는 자기계발에 대한 일관된 내용을 담은 글을 생성할 수 있다.

5) 글의 완성도 향상

챗GPT는 글의 완성도를 향상하는 데 도움을 주며 글의 내용을 보완하고 문장의 구조를 개선하는 등의 작업을 자동으로 수행해 주기 때문에 글의 완성도가 향상된다. 예를 들어 자기계발서의 주제가 '인간관계'라면 챗GPT는 인간관계에 대한 내용을 보완하고 문장의 구조를 개선하여 글의 완성도를 높일 수 있다.

특히 출판 전과 후에 독자들로부터 받은 피드백을 분석하여 책의 내용을 지속적으로 개선할 수 있다. 챗GPT는 피드백을 분석하고 적절한 수정 사항을 제안하여 저자가 콘텐츠를 업데이트할 수 있도록 도와준다.

◎ 챗GPT를 활용한 출간 사례1

83세 홍구웅 작가의 일본 번역집 출간

홍구웅 작가는 대기업 임원 출신으로 디지털 책쓰기 2대학에서 글쓰기를 공부하는 회원이다. 컴퓨터는 물론이고 스마트폰을 제대로 쓰지 못하는 소위 컴맹, 폰맹이다.

우연한 기회에 '디지털책쓰기코칭협회'에서 주관하는 '챗GPT와 스마트폰으로 뚝딱 책 한 권 끝내기' 과정을 듣게 되었다. 삼성자동차에 근무할 당시 품질 담당임원으로 전문성을 가지고 있었다. 특히 공장 혁신에 대한 적문적인 지식을 가지고 있어서 퇴직 후에도 이런 일에 계속 관심을 가지고 있었다.

스마트폰에 구글 번역기를 활용해서 일본어 책 『제조업의 붕괴』를 번역해서 내기로 했다. 처음에는 일본 말이 서툴러서 망설이기도 했으나 1차로 번역을 하고 전문가를 통해 검증하기로 했다. 먼저 일본 책을 'vFlat'이라는 앱으로 30분 정도 걸려서 통째로 찍어 텍스트로 만들었다. 파일을 만들어 구글 번역기로 1차 번역하고 다듬기로 했다. 특히 책 안에 있는 표나 그림은 '렌즈'라는 앱으로 찍어 모서리도 없이 깨끗하게 옮길 수 있었다.

책 초안을 파일로 만든 후 구글번역을 통해 번역하는 데는 순식간에 해결되었다. 이후 꼼꼼하게 문장 하나하나 번역본을 챗GPT를 활용해서 체크하고 1개월 만에 책을 완성할 수 있었다. 다만 일본어가 부족한 게 있어서 일본어를 전문으로 하는 지인에게 감수를 받아 꿈에 그리던 생애 첫 번째 책자를 내게 되었다. 이후 챗GPT로 책쓰는 방법에 대해 공부를 추가로 하고 다시 도전하기로 하여 내친김에 두 번째 번역집에 도전하고 있다. 아울러 평소 좋아하던 등산에 관련된 책 『등산과 함께한 인생』을 챗GPT를 통해서 한 달여 만에 책 초안을 작성해 놓고 자전적 에세이 형태의 책도 출간하려고 준비하고 있다. 나이가 80이 넘어 몸도 불편한 가운데 컴맹에 폰맹이자 책쓰기에 왕초보자인 입장에서 스마트폰이나 GPT의 도움이 없었다면 꿈도 꾸지 못할 일들이 디지털 AI 기술의 덕택에 가능하게 된 것이다.

3
챗GPT로 경제경영 전문서 쓰기

경제경영 분야에서 인공지능, 특히 챗GPT와 같은 고급 언어 모델을 활용하는 방법은 다양하다. 이 챕터에서는 챗GPT가 경제경영서 콘텐츠 제작에 어떻게 기여할 수 있는지 실질적인 예시를 다룬다. 경제경영서는 일반적으로 시장 분석, 기업 전략, 재무 관리, 리더십, 혁신 등을 다룬다. 이러한 주제들을 설명하는 데 챗GPT가 어떤 역할을 할 수 있는지 구체적으로 살펴보도록 하자.

1) 시장 분석의 자동화와 최적화

챗GPT는 대규모 데이터 분석을 통해 경제 트렌드를 파악한다. 이를 바탕으로 시장 분석 보고서를 자동으로 작성할 수 있다. 이 과정에서 사용자는 특정 키워드나 데이터 세트를 모델에 입력하고, 인공지능이 이를 분석하여 관련 정보와 트렌드를 요약하는 보고서를 생성해 준다.

2) 비즈니스 전략 수립 지원

챗GPT는 다양한 비즈니스 시나리오를 시뮬레이션하여 최적의 전략을 제시할 수 있다. 예를 들어 경쟁 분석, 시장 진입 전략, 가격 설정 전략 등에 대한 조언을 제공하며 이를 통해 기업 경영진은 보다 정보에 기반한 결정을 내릴 수 있다.

3) 재무 계획과 예측

챗GPT는 재무 데이터를 분석하고 이를 통해 재무 예측 모델을 구축할 수 있다. 이를 통해 기업은 수익 예측, 비용 관리와 투자 분석 등을 더 정확하게 수행할 수 있으며 재무 상태에 대한 심층적인 이해를 도울 수 있다.

4) 리더십 개발과 훈련

챗GPT를 사용하여 리더십 개발 관련 콘텐츠를 제작하거나 교육 프로그램을 개발할 수 있다. 모델은 리더십 이론, 사례 연구, 대화 시뮬레이션 등을 제공하여 관리자와 리더들이 실제 상황에서 대응 능력을 향상할 수 있도록 도와준다.

5) 혁신과 기술 관리

경제경영 분야에서 혁신은 매우 중요한 요소이다. 챗GPT는 새로운 기술 트렌드를 분석하고 이를 기업 전략에 어떻게 통합할 수 있는지에 대한 제안을 할 수 있다. 또한 기술 변화에 대응하는 다양한 방법론을 제시하여 기업이 시장에서 경쟁 우위를 점할 수 있도록 지원해 준다.

　이런 방법들은 챗GPT를 활용하여 경제경영서의 내용을 구성하는 데 있어 매우 유용하다. 인공지능을 활용한 콘텐츠 제작은 정보의 정확성을 높이고 더 넓은 관점에서 분석할 수 있는 기회를 제공한다. 독자들에게 실질적이고 심층적인 지식을 전달할 수 있도록 도와준다. 이는 결국 경제경영서가 보다 효과적인 지식 전달 수단이 되도록 만드는 중요한 요소 중 하나다.

4
챗GPT로 수필/에세이 쓰기

  챗GPT로 한국적인 서정 수필을 쓰는 데 별로 도움이 되지 않을 거라고 대부분의 사람들은 생각한다. 왜냐하면 한국의 수필은 칼럼이나 에세이와 달리 자신의 이야기나 자신과 관련된 경험을 위주로 써야 하는데 그걸 챗GPT가 알지 못할 것이라는 고정관념이 지배적이기 때문이다. 한국의 서정 수필은 젊은이들에게 인기가 없고 수필집은 거의 팔리지도 않을 뿐만 아니라 '수필을 읽는 사람보다 쓰는 사람이 더 많다'는 농담 같은 이야기가 현실이다.
  따라서 수필 쓰기도 변화가 필요하다. 누구나 다 알고 있거나 옛날 못살았던 힘든 세상살이 이야기, 뻔한 가족 이야기의 범주에서 벗어나 다양한 변화가 필요하다는 생각이다. 단지 자신의 경험이나 머릿속에 남아 있는 한계를 벗어나 전문성이나 현실적으로 이슈가 되고 있는 다양한 주제로 접근할 필요가 있다.
  서정 수필일지라 하더라도 '옛날에는 그랬었지' 하는 이야기에 그치지 말고 현실과 결부시켜 의미가 있고 흥미 있는 내용으로 이끌어낸다면 이야기는 달라질 것이다. 그런 의미에서 수필도 챗GPT의 도움을 받아 얼마든지 새로운 방식의 글을 쓸 수 있으리라 본다.

그렇다 하더라도 한국적인 서정 수필은 몇 가지 특징이 있다.

1) **감성적 표현**: 개인의 감정과 생각을 섬세하고 감성적으로 표현하는 것을 중요시한다.
2) **자연과의 교감**: 자연을 통해 내면의 감정을 표현하거나 자연과의 교감을 서정적으로 표현한다.
3) **한자어 활용**: 한자어를 적절하게 활용하여 글에 풍부함과 깊이를 더하는 경우가 많다.
4) **고유한 문체**: 한국어의 고유한 문체와 표현 방식을 사용하여 독특한 분위기를 연출한다.

챗GPT로 수필 쓸 때 도움되는 중요 TIP

1) 주제나 소재에 대한 아이디어 제공과 개발

한국의 자연, 문화, 일상의 아름다움 등에 대한 주제를 선정하는 데 조언을 줄 수 있다.

예: 서정적 에세이는 깊은 슬픔, 그리움, 회복력을 포괄하는 한국의 복잡한 감정인 한恨이라는 주제를 많이 다룬다. 한을 연상시키는 개인적인 경험, 문화적 상징, 역사적 사건에 대한 성찰이 포함될 수 있고 한국 문화 속의 한에 대한 탐구를 통해 이 서정적인 에세이는 한국의 정체성에 내재된 감정과 회복력의 심오한 깊이를 더해주게 된다.

2) 관련 정보 조사와 신뢰할 수 있는 출처 찾기

감정이나 사색을 깊이 있게 표현하는 방법을 제시하고 글에 생동감을 불어넣는 데 도움을 줄 수 있다.

예: 글의 내용이 깊이가 있도록 심화시키기 위해 한국 문학, 시, 문화 연구 등이 포함될 수 있다. 이상, 김혜순 등 한국의 유명 시인들의 작품은 물론이고 한국 사회와 역사 속의 한 개념을 분석한 학술 논문도 참고할 수 있다.

3) 글의 구조 구성

서정 수필의 전통적인 구조나 현대적인 접근 방식에 대해 설명하고 글의 흐름을 잡는 데 도움을 줄 수 있다. 생각을 효과적으로 정리하기 위해 개요 작성이 선행되어 글의 틀을 먼저 생각해야 한다.

예: 한에 대한 개인적 성찰, 한의 문화적 상징, 한의 역사적 맥락, 한국 미술에서의 한의 표현 등 한의 다양한 측면을 반영하는 섹션으로 개요를 작성한다. 각 섹션에서는 한국 생활과 문화에 있어서 한의 깊이를 보여주는 구체적인 사례와 일화를 살펴볼 수 있다.

4) 명확성, 일관성, 적절한 구조를 보장하면서 초안 작성

주제가 정해지고 관련 정보를 파악하고 글 전체의 구조를 염두에 두었다면, 그러한 내용을 요약 정리하여 초안을 작성해 주도록 명령을 하면 순식간에 초안을 작성해 준다. 이러한 초안은 기계적인 용어가 많고 나의 경험이나 감정이 들어있지 않기 때문에 이를 직접 자기만의 스타일로 보완해 나가야 한다.

5) 개선을 위한 피드백과 제안 제공

글은 초안 작성이 가장 힘들다. 초안이 나온다면 계속 수정보완이 가능한데 작성한 수필의 초안을 검토하고 개선점이나 수정 제안을 해줄 수 있다.

예: 한국 문화에 익숙한 동료 작가나 독자로부터 피드백을 구해도 되고 이미지의 효과, 서술의 정서적 공명, 에세이의 전반적인 영향에 대한 통찰력을 제공할 수 있다. 예를 들어 청중과의 감정적 연결을 심화시키기 위해 개인적인 일화를 더 추가할 것을 제안할 수도 있다.

6) 문법, 구두점, 철자 오류 교정

한국어의 서정적 표현, 고유한 어휘 선택, 문장의 리듬과 운율을 조언해 줄 수 있다.

예: 서정적 에세이를 마무리하기 전에 아름다움과 영향력을 떨어뜨릴 수 있는 언어 오류가 있는지 주의 깊게 교정해야 하며 문장의 리듬과 흐름에 주의를 기울여 글의 서정적 품질을 향상해라. 문장의 무결성을 유지하려면 문법이나 철자 오류를 수정해야 한다.

7) 한국 서정 수필 중 모범 작품을 참고한 내용 보완

한국의 유명 작가들의 모범적인 서정 수필 작품을 읽고 참고하면 도움이 될 수 있고 한국 문화와 역사에 대한 지식을 바탕으로 글에 깊이를 더할 수 있다.

챗GPT를 활용한 출간 사례2

챗GPT와 함께 수필집을 쓴 장동익 작가

나는 2017년 7월 『핸드폰 하나로 책과 글쓰기 도전』이라는 책을 쓰면서 국내에서는 처음으로 『스마트폰을 활용하여 책과 글쓰기』라는 기법에 대한 세미나를 처음 시작한 장본인이다. 나는 2025년 2월 9시간에 걸쳐 시니어들을 대상으로 '챗GPT를 활용한 책과 글쓰기' 강의를 진행하면서 '나도 직접 챗GPT를 활용하여 자전적 수필을 써 보면 어떨까?'라고 생각했다. 바로 챗GPT를 활용하여 글쓰기를 시작했다.

바쁜 일정 중에도 챗GPT의 도움으로 불과 한 달 만에 『챗GPT와 협업하여 쓴 삶의 조각들』이라는 수필집 원고를 탈고했다. 혼자 힘으로는 불가능한 일이다. 챗GPT는 글쓰기 과정에서 겪는 어려움을 해결하고 창의적인 글쓰기를 가능하게 해주는 훌륭한 파트너이다. 인공지능 기술의 발전은 글쓰기의 새로운 지평을 열어 이제는 글쓰기가 전문작가나 특정 분야 전문가의 영역이 아니라, 누구나 챗GPT와 같은 인공지능 도구를 활용하여 자신만의 이야기를 세상에 펼칠 수 있는 시대가 되었다.

이 책은 삶의 퍼즐 조각들을 모아 자신만의 이야기를 만들어가는 여정에 대한 기록이다. 잊고 있던 소중한 기억들을 떠올리고, 과거를 되돌아보며 현재를 성찰하며, 미래를 향해 나아가는 방법을 함께 고민하고 있다. 시니어들은 누구나 격동의 시대를 살아오면서 수많은 고난과 역경을 겪었다. 전쟁의 포화 속에서 어린 시절을 보냈고 실패와 이별의 아픔을 경험하기도 했다. 하지만 좌절하지 않고 끊임없이 도전하고 노력하며 꿈을 향해 나아갔다. 마침내 성공과 실패, 기쁨과 슬픔, 만남과 이별이라는 삶의 조각들을 하나씩 맞춰나가며 지금의 자리에 이르렀다.

대한민국의 시니어들은 50년이라는 짧은 기간 내에 원조받던 나라에서 원조하는 세계 유일의 나라로 성장시키는 주역 역할을 담당했다. 그들의 독특한 경험을 자기계발서나 자전적 수필로 출간함으로써 후대에게 커다란 유산을 남겨 줄 수 있을 것이다. 이제는 출판업계에도 혁신이 이루어져 10권이든 100권이든 필요한 부수만큼만 출판할 수 있는 POD 인쇄 기법이 소개되어 저렴한 비용으로 출판할 수 있게 되었다. 나는 출판사를 통해 시범적으로 POD 기법으로 책을 출간했다.

5
챗GPT로 기행문 쓰기

챗GPT로 기행문 쓰기는 여행의 소중한 추억을 아름다운 글로 표현하는 데 도움을 줄 수 있는 강력한 도구다. 왜냐하면 여행기는 자신만이 느끼는 상상력이나 창의력도 필요하지만 그보다 더 중요한 것이 여행지에 대한 역사적 사실과 현지에서의 생생한 현상Fact에 근거를 두고 있기 때문이다.

사실 여행을 갈 때 의도적으로 글을 쓰기 위해 가는 경우가 적기 때문에 단체로 주마간산식으로 다녀온 후 여행기를 쓰려면 기억력의 한계도 있고 자세한 가이드의 설명이나 기록을 갖고 있지 않아 생생한 내용을 글로 표현한다는 게 쉽지 않다. 그런 면에서 챗GPT는 여행기를 쓰는 데 있어 보조수단이자 강력한 도구로 역할을 할 수 있다. 챗GPT를 활용하여 감동적인 여행 수필을 작성하는 방법 몇 가지를 소개해 본다.

기행문을 작성하기 위한 방법

1) 여행 기억 정리와 자료 수집

여행 중에 작성한 여행 일지, 메모, 사진, 영상 등을 정리하고 방문 장소의 공식 웹사이트, 여행 관련 블로그, 리뷰 등을 참고하여 여행 정보를 최대한 수집한다. 여행 중에 느낀 감정, 생각, 경험을 즉시 메모하거나 챗GPT에 말을 녹음하여 기록하기도 하고 풍경, 음식, 사람들 등 여행과 관련된 사진을 가능한 많이 촬영한 후 챗GPT에게 사진에 대한 설명을 추가해 달라고 요청할 수도 있다.

2) 여행 경험 분석과 구성

여행 중 가장 기억에 남는 순간, 특별했던 경험, 감동적인 에피소드 등을 선정하고 여행의 시작부터 끝까지 순서대로 구성을 정한 후 여행을 통해 얻은 교훈, 느낀 점, 전달하고 싶은 주제나 메시지를 명확하게 한다. 여행 경험을 단순히 나열하는 것이 아니라 독창적인 관점과 해석을 더하여 글에 표현하고 5감을 동원하여 여행지의 풍경, 분위기, 음식 맛 등을 생생하게 표현하도록 한다.

3) 챗GPT 활용 초안 작성

주제가 정해졌으면 챗GPT에게 여행 경험, 여행지 정보, 구성 등을 기반으로 초안을 작성하도록 지시한다. 챗GPT가 작성한 초안을 기반으로 문장 표현, 묘사, 비유 등을 개선하여 생생하고 흥미로운 글쓰기가 되도록 한다. 챗GPT가 작성한 내용에 자신의 감정, 생각, 경험을 추가하여 독창적이고 감동적인 글쓰기가 되도록 하는 것이 매우 중요하다. 여행기는 목적이나 쓰는 이의 의도에 따라 다양하지만 설명된 대로 쓴다면 도움이 될 것이다.

4) 검토와 수정

여행 관련 정보, 역사적 사실, 지리적 위치 등을 다시 한번 확인하고 오류를 수정하는 것이 중요하다. 검색을 통해 자료를 모으고 쓰는 것보다 훨씬 빠르지만 내용의 정확성을 반드시 확인해야만 한다. 글에서는 문법, 맞춤법, 오타 등을 꼼꼼하게 검토하고 수정해야만 신뢰도나 완성도가 올라간다. 마지막으로 글의 전체적인 흐름과 균형을 조절하여 완성도를 높여야 한다.

5) 추가 팁

챗GPT의 다양한 기능 번역, 요약, 질의응답 등을 활용하여 기행문 작성에 도움을 받을 수 있다. 그리고 가족이나 지인 등에게 의견을 구하거나 필요하면 전문작가나 편집자의 도움을 받아 글을 다듬어야 한다.

특히 다른 여행 기행문과 차별화되는 독특한 시각이나 관점을 제시하여 독자의 흥미를 유발하도록 해야 하며 생생한 이미지, 비유, 감각적인 표현을 활용하여 글에 깊이를 더하고 흥미로운 스토리텔링 기법을 활용하여 독자를 글 속으로 몰입시키면 좋다.

다만 챗GPT는 강력한 도구이지만 여행 기행문 작성의 모든 과정을 대신할 수는 없다. 챗GPT를 효과적으로 활용하고 자신의 창의성과 노력을 더하여 훌륭한 여행 기행문을 완성하는 데 목적이 있다.

6
챗GPT로 전문서적 쓰기

전문서적은 특정 분야의 깊이 있는 지식과 전문성을 요구하는 책으로 학술적 가치와 실무적 활용도를 동시에 만족시켜야 하는 고난도의 작업이다. 의학, 법학, 공학, 경제학, 교육학 등 각 분야의 전문가들이 자신의 연구 성과나 실무 경험을 체계적으로 정리하여 후학이나 동료 전문가들에게 전달하고자 할 때 작성하는 것이 전문서적이다.

챗GPT를 활용한 전문서적 작성은 방대한 자료 조사, 체계적인 구성, 정확한 정보 검증 등에서 큰 도움을 받을 수 있다. 특히 최신 연구 동향 파악, 관련 이론의 정리, 복잡한 개념의 설명 등에서 인공지능의 강점을 활용할 수 있다.

1) 연구 동향과 문헌 조사

챗GPT는 특정 전문 분야의 최신 연구 동향을 파악하고 관련 논문이나 저서들을 체계적으로 정리하는 데 유용하다. 예를 들어 "인공지능 윤리에 관한 최근 5년간의 주요 연구 동향을 정리해 줘"라고 요청하면 관련 분야의 핵심 이슈들과 주요 연구자들의 견해를 종합적으로 제시해 준다. 또한 특정 이론이나 개념에 대한 다양한 학자의 관점을 비교 분석하여 제시할 수 있어 문헌 리뷰 작성에 큰 도움이 된다.

2) 체계적인 구성과 목차 작성

전문서적은 논리적이고 체계적인 구성이 생명이다. 챗GPT는 특정 주제에 대해 초급부터 고급까지 단계별로 구성된 목차를 제안할 수 있으며 각 장의 세부 내용까지 상세하게 계획할 수 있도록 도와준다. 예를 들어 "딥러닝 전문서적의 목차를 초보자부터 전문가까지 단계별로 구성해 줘"라고 요청하면 기초 개념부터 최신 기술까지 체계적으로 정리된 목차를 제공한다.

3) 복잡한 개념의 명확한 설명

전문 분야의 어려운 개념을 일반인도 이해할 수 있도록 쉽게 설명하는 것은 매우 중요하다. 챗GPT는 복잡한 이론이나 개념을 단계별로 분해하여 설명하고, 적절한 비유나 예시를 들어 독자의 이해를 돕는다. 또한 같은 개념을 다양한 관점에서 설명할 수 있어 독자의 수준에 맞는 설명을 제공할 수 있다.

4) 사례 연구와 실무 적용 방안

전문서적의 가치는 이론과 실무의 연결에 있다. 챗GPT는 특정 이론이나 기술이 실제로 어떻게 적용되고 있는지에 대한 사례를 풍부하게 제공할 수 있다. 예를 들어 경영학 전문서적에서 특정 경영 이론의 실제 기업 적용 사례를 요청하면 다양한 기업의 성공 사례와 실패 사례를 비교 분석하여 제시한다.

5) 데이터 분석과 통계 해석

전문서적에는 종종 복잡한 데이터나 통계가 포함된다. 챗GPT는 이러한 데이터를 해석하고 의미 있는 인사이트를 도출하는 데 도움을 준다. 또한 데이터 시각화를 위한 그래프나 표의 구성 방법도 제안할 수 있어 독자의 이해를 높일 수 있다.

6) 인용과 참고문헌 관리

학술적 전문서적에서는 정확한 인용과 참고문헌 정리가 필수적이다. 챗GPT는 APA, MLA 등 다양한 인용 스타일에 맞춰 참고문헌을 정리해 주고 본문 내 인용 형식도 일관되게 유지할 수 있도록 도와준다.

7) 전문 용어 해설과 용어집 작성

전문서적에는 일반인에게 생소한 전문 용어가 많이 등장한다. 챗GPT는 이러한 용어들을 체계적으로 정리하여 용어집을 만들거나 본문에서 처음 등장하는 용어에 대한 명확한 정의를 제공할 수 있다.

챗GPT를 활용한 출간 사례3

챗GPT를 활용해서 의학 전문서적을 낸 한헌 교수

강원대학교 의과대학 한헌 명예교수가 집필한 『현대의학의 진화』는 히포크라테스의 선서부터 AI 진료실까지, 의학의 장대한 역사를 한눈에 조망하는 흥미로운 대중 교양서다. 의사로서 40년간 환자를 만나온 저자의 풍부한 경험과 통찰이 녹아든 이 책은 단순한 의학사를 넘어 인간 삶의 존엄과 직결된 의학의 본질을 탐구한 책이다.

한 교수는 책쓰기 경험이 전혀 없고 교수 신분이라 조교를 시켜 일을 하다 보니 컴퓨터나 스마트폰 활용이 자유롭지 않았다. 우연히 디지털책쓰기코칭협회에서 운영하는 디지털책쓰기 과정을 하루 동안 공부했다. 처음에는 스마트폰 앱이나 챗GPT를 활용해서 책을 쓴다는 말에 의아심이 있었지만 교육을 받으면서 어느 정도 노력하면 되겠다는 자신이 생겼다.

교육 과정에서 사전에 과제로 내준 『현대의학의 진화』라는 출간기획서를 입력하고 서문과 목차 50개를 뽑아달라고 하니 순식간에 뽑아줬다. 이어서 본문 쓰기에 1절부터 몇 개를 써달라고 명령하니 신기하게도 A4 용지 2장이 1분도 안 걸려 써졌다. 몇 개를 써보니 자신감이 생겼다. 교육을 마치고 집에서 50개 목차에 대한 본문 초안을 뽑아보니 신기하게도 그동안 경험하고 강의했던 내용보다 체계적으로 정리해 주는 게 아닌가. 내친김에 초안을 그간의 경험을 추가해서 일일이 수정보완하기를 3개월여, 드디어 생각지도 않았던 책이 탄생했다.

이 책의 가장 큰 특징은 의학을 단지 기술이나 과학으로 보는 관점을 뛰어넘다는 점이다. 복잡한 의학 지식을 일반 독자도 쉽게 이해할 수 있도록 풀어내면서도 깊이 있는 인문학적 성찰을 놓치지 않는다. 이 책은 독자로 하여금 의학을 새롭게 바라보게 하며 진정성 있는 '의료 인문서'로 평가받고 있다.

7
챗GPT로 칼럼집 쓰기

칼럼집은 신문이나 잡지에 연재했던 칼럼들을 모아서 출간하는 책으로, 짧지만 임팩트 있는 글들의 모음이다. 칼럼의 특성상 시사적인 이슈에 대한 날카로운 분석이나 일상의 소소한 이야기에서 의미를 찾아내는 통찰력이 요구된다. 각각의 칼럼은 독립적이면서도 전체적으로는 일관된 관점과 문체를 유지해야 하는 것이 특징이다.

챗GPT를 활용한 칼럼집 작성은 다양한 주제 발굴, 시각의 다각화, 독자와의 공감대 형성 등에서 큰 도움을 받을 수 있다. 특히 시사 이슈에 대한 다양한 관점 제시와 개인적 경험의 보편적 의미 추출에서 인공지능의 장점을 활용할 수 있다.

1) 다양한 주제 발굴과 트렌드 분석

칼럼 작가에게는 항상 새로운 소재가 필요하다. 챗GPT는 최근의 사회적 이슈, 트렌드, 화제가 되고 있는 현상들을 정리해 주고 각각에 대한 다양한 관점을 제시할 수 있다. 예를 들어 "최근 한 달간 한국 사회의 주요 이슈 10가지를 정리하고 각각에 대한 칼럼 아이디어를 제시해 줘"라고 요청하면 풍부한 소재를 얻을 수 있다.

2) 관점의 다각화와 논리 구성

하나의 이슈를 다양한 각도에서 바라보는 것은 좋은 칼럼의 필수 요소다. 챗GPT는 특정 이슈에 대해 찬성과 반대, 긍정적 측면과 부정적 측면, 단기적 영향과 장기적 영향 등 다양한 관점을 제시할 수 있다. 또한 논리적인 전개 구조를 제안하여 설득력 있는 칼럼을 작성할 수 있도록 도와준다.

3) 개인적 경험의 보편화

칼럼의 매력 중 하나는 작가의 개인적 경험이 독자들에게 공감을 불러일으키는 것이다. 챗GPT는 개인적인 일화나 경험에서 보편적인 의미를 찾아내고, 이를 사회적 맥락과 연결시키는 데 도움을 준다. 예를 들어 "지하철에서 겪은 에피소드를 현대 사회의 소통 문제와 연결시킨 칼럼을 써줘"라고 요청할 수 있다.

4) 시대적 배경과 역사적 맥락 제공

현재의 이슈를 더 깊이 있게 다루기 위해서는 역사적 배경과 맥락을 이해하는 것이 중요하다. 챗GPT는 현재의 사건이나 현상이 과거의 어떤 사건과 연결되는지, 역사적으로 어떤 의미를 갖는지를 설명해 줄 수 있어 칼럼의 깊이를 더할 수 있다.

5) 독자층별 맞춤형 글쓰기

칼럼이 게재될 매체나 독자층에 따라 문체와 내용을 조절해야 한다. 챗GPT는 신문 칼럼, 온라인 매체 칼럼, 전문지 칼럼 등 각각의 특성에 맞는 글쓰기 스타일을 제안할 수 있다. 또한 연령대나 관심사에 따른 독자층별 맞춤형 접근 방법도 제시한다.

6) 제목과 도입부의 임팩트 극대화

칼럼에서는 제목과 첫 문장이 독자의 관심을 끄는 데 결정적 역할을 한다. 챗GPT는 주제에 맞는 임팩트 있는 제목을 여러 개 제안하고 독자의 시선을 사로잡을 수 있는 다양한 도입부 패턴을 제시할 수 있다. 예를 들어 질문형, 일화형, 통계형, 대비형 등 다양한 방식의 도입부를 제안한다.

7) 칼럼집의 전체적 구성과 편집

개별 칼럼들을 책으로 엮을 때는 전체적인 흐름과 구성을 고려해야 한다. 챗GPT는 비슷한 주제끼리 분류하고 읽는 재미를 위해 다양한 소재를 적절히 배치하는 방법을 제안할 수 있다. 또한 각 장이나 섹션의 제목을 정하고 칼럼집 전체를 관통하는 주제 의식을 명확히 하는 데도 도움을 준다.

컬럼 작성 실습 사례

❓ "요즘 '소확행'이라는 말이 인기인데, 이에 대한 비판적 시각으로 칼럼을 써보고 싶다. 어떻게 접근하면 좋을까?"

🌀 챗GPT 답변

'소확행'에 대한 비판적 시각의 칼럼은 매우 흥미로운 주제입니다. 다음과 같은 접근 방법들을 제안해 드립니다:

1. 제목 제안
   - "소확행의 달콤한 함정"
   - "작은 행복에 갇힌 큰 꿈들"
   - "소확행, 현실 도피의 새로운 이름"

2. 접근 각도 소확행이 개인의 내적 만족을 추구하는 긍정적 트렌드로 여겨지지만, 사회적 관점에서는 구조적 문제에 대한 회피나 체념의 표현일 수 있다는 관점에서 접근해 보세요.

3. 구성 제안
   - 도입: 카페에서 마시는 커피 한 잔의 행복을 찾는 현대인의 모습
   - 전개: 소확행 열풍의 사회적 배경 경제적 불안정, 미래에 대한 불확실성
   - 심화: 소확행이 진정한 해결책인가, 아니면 현실 도피인가
   - 결론: 작은 행복과 큰 변화 사이의 균형점 모색

챗GPT의 도움을 받아 다양한 관점에서 깊이 있는 칼럼을 계속 쓴다면 짧은 기간 내에 칼럼집을 쓸 수 있다. 과거에 써놓은 글이 많이 있다면, 챗GPT를 활용해서 현 시점에 맞게 내용을 하나하나 수정하고 보완해서 새로운 칼럼으로 완성한다. 이런 방식으로 시의성이 중요한 칼럼을 모아 짧은 기간 안에 칼럼집으로 출간할 수 있다.

1. 문법과 표현 개선

- 문법 오류 수정 요청하기 예: "이 글의 문법적 오류를 찾아 수정해 주세요."
- 맞춤법 검사와 교정 요청하기
- 번역체나 어색한 표현 자연스럽게 다듬기
- 한국어 문체 일관성 유지하기 높임말/반말, 격식체/비격식체
- 중복되는 단어/표현 다양화하기

2. 문장 흐름 개선

- 문장 간 연결을 자연스럽게 하는 접속사 추가/수정하기
- 지나치게 긴 문장 분리하기
- 문단 사이의 논리적 연결성 강화하기
- 문장 구조 다양화하기 단문과 복문 적절히 배치
- 화제 전환이 부자연스러운 부분 다듬기

3. 분량 조절

- 핵심 내용만 남기고 축약하기
- 중요 정보를 유지하면서 30% 줄이기
- 특정 단어 수에 맞추어 조정하기 예: "이 글을 300자로 줄여주세요."
- 요약본 작성 요청하기
- 특정 부분 상세히 확장하기

4. 콘텐츠 강화

- 구체적인 예시나 사례 추가하기

- 통계나 데이터 포함해 신뢰성 높이기
- 비유나 은유 활용해 이해도 높이기
- 시각적 묘사 추가하기
- 인용구나 전문가 의견 추가하기

5. 독자 친화적 개선
- 전문 용어를 쉬운 말로 바꾸기
- 타깃 독자층에 맞게 어휘 수준 조정하기
- 능동태 위주로 수정해 생동감 높이기
- 질문 형태로 바꿔 독자 참여 유도하기
- 공감대 형성을 위한 표현 추가하기

6. 목적별 최적화
- 설득력 강화를 위한 논리 구조 다듬기
- 특정 감정 반응을 유도하는 표현 강화하기
- SEO를 위한 키워드 자연스럽게 배치하기
- 특정 플랫폼 SNS, 블로그 등에 맞게 형식 조정하기
- 특정 분야 학술, 마케팅, 창작 등의 관행에 맞게 수정하기

7. 톤/스타일 조정
- 격식/비격식 조절하기
- 감정적 톤 조절 중립적, 열정적, 공감적 등 하기
- 특정 브랜드나 개인의 목소리에 맞추기

- 유머나 위트 요소 추가/제거하기
- 문화적 맥락에 맞게 표현 조정하기

8. 구조적 개선
- 단락 구분 최적화하기
- 논리적 순서 재배치하기
- 글머리 기호나 번호 매기기로 가독성 높이기
- 소제목 추가하기
- 서론-본론-결론 구조 명확히 하기

9. 명확성 향상
- 모호한 표현 구체화하기
- 대명사의 지시 대상 명확히 하기
- 추상적 개념에 구체적 예시 추가하기
- 복잡한 아이디어 단계별로 설명하기
- 전문 용어 정의 추가하기

10. 미세 조정과 마무리
- 다양한 문체로 변형해 보기 학술적, 대화체, 문학적 등
- 특정 인물이나 작가의 스타일로 바꾸기
- 두괄식/미괄식 등 문단 구성 방식 변경하기
- 결론 강화하기
- 제목과 부제목 최적화하기

챗GPT를 활용한 글쓰기 향상 기법
저자를 위한 실전 가이드

1. 문법과 표현 개선

문법 오류 수정 요청하기

- 프롬프트: "이 글의 문법적 오류를 찾아 한국어 맞춤법과 문법에 맞게 수정해 주세요: 나는 어제 친구랑 영화를 봤습니다. 그 영화는 너무 재미있어서 시간가는줄 몰랐어요. 다음에도 꼭 보고싶다."
- 수정 결과: "나는 어제 친구와 영화를 봤습니다. 그 영화는 너무 재미있어서 시간 가는 줄 몰랐어요. 다음에도 꼭 보고 싶습니다."

맞춤법 검사와 교정 요청하기

- 프롬프트: "다음 텍스트의 맞춤법을 점검하고 올바르게 교정해 주세요: 이번에 새로운 프로젝트를 시작햇습니다. 많은 사람들의 관심과 격려 덕분에 첫술에 배불르진 않아도 순조롭게 진행되고 잇습니다."
- 수정 결과: "이번에 새로운 프로젝트를 시작했습니다. 많은 사람들의 관심과 격려 덕분에 첫술에 배부르진 않아도 순조롭게 진행되고 있습니다."

번역체나 어색한 표현 자연스럽게 다듬기

- 프롬프트: "다음 글이 번역체처럼 느껴집니다. 자연스러운 한국어 표현으로 다듬어주세요: 그는 그의 친구에게 그의 생각을 말했다. 그의 친구는 그에게 동의했다. 그들은 그들의 계획을 실행하기로 결정했다."
- 수정 결과: "그는 친구에게 자신의 생각을 말했다. 친구는 이에 동의했고, 둘은 계획을 실행하기로 했다."

한국어 문체 일관성 유지하기

- 프롬프트: "다음 텍스트에서 높임말과 반말이 섞여 있습니다. 전체를 높임말로 통일해 주세요: 저희 회사는 고객 만족을 최우선으로 생각해. 항상 최고의 서비스를 제공하려고 노력하고 있습니다. 문의 사항 있으면 언제든지 연락해."
- 수정 결과: "저희 회사는 고객 만족을 최우선으로 생각합니다. 항상 최고의 서비스를 제공하려고 노력하고 있습니다. 문의 사항이 있으시면 언제든지 연락해 주시기 바랍니다."

중복되는 단어/표현 다양화하기

- 프롬프트: "다음 글에서 반복되는 단어나 표현을 찾아 더 다양한 표현으로 바꿔주세요: 이 책은 정말 좋은 책입니다. 이 책은 많은 정보를 담고 있고, 이 책은 읽기 쉽게 구성되어 있습니다. 이 책을 읽으면 많은 것을 배울 수 있을 것입니다."
- 수정 결과: "이 서적은 정말 훌륭합니다. 풍부한 정보를 담고 있으며, 읽기 쉽게 구성되어 있습니다. 이 작품을 통해 많은 지식을 얻을 수 있을 것입니다."

2. 문장 흐름 개선

문장 간 연결을 자연스럽게 하는 접속사 추가/수정하기

📝 프롬프트: "다음 글의 문장 간 연결이 매끄럽지 않습니다. 적절한 접속사를 추가하여 문장 간 흐름을 자연스럽게 해주세요: 우리는 비가 왔다. 우산을 가져오지 않았다. 옷이 다 젖었다. 감기에 걸렸다."

✅ 수정 결과: "우리는 비가 왔지만 우산을 가져오지 않았다. 그 결과 옷이 다 젖었고, 결국 감기에 걸리고 말았다."

지나치게 긴 문장 분리하기

📝 프롬프트: "다음 글에 너무 긴 문장들이 있습니다. 이해하기 쉽도록 적절히 나누어 주세요: 현대 사회는 빠르게 변화하고 있으며 특히 기술의 발전으로 인해 우리의 일상생활뿐만 아니라 업무 환경, 교육 방식, 인간관계 형성 방식까지 모든 것이 달라지고 있고 이러한 변화에 적응하지 못하는 사람들은 소외감을 느끼거나 사회적, 경제적으로 뒤처질 수 있다는 우려가 제기되고 있다."

✅ 수정 결과: "현대 사회는 빠르게 변화하고 있다. 특히 기술의 발전으로 인해 우리의 일상생활뿐만 아니라 업무 환경, 교육 방식, 인간관계 형성 방식까지 모든 것이 달라지고 있다. 이러한 변화에 적응하지 못하는 사람들은 소외감을 느끼거나 사회적, 경제적으로 뒤처질 수 있다는 우려가 제기되고 있다."

문단 사이의 논리적 연결성 강화하기

📝 **프롬프트:** "다음 글의 문단 간 연결이 갑작스럽습니다. 각 문단 사이에 논리적 연결성을 강화해 주세요: 디지털 마케팅은 현대 비즈니스의 핵심이 되었다. 온라인 플랫폼을 통해 더 많은 고객에게 도달할 수 있다.

소셜 미디어 마케팅은 비용 효율적이다. 적은 예산으로도 큰 효과를 볼 수 있다."

✅ **수정 결과:** "디지털 마케팅은 현대 비즈니스의 핵심이 되었다. 온라인 플랫폼을 통해 더 많은 고객에게 도달할 수 있다.

이러한 디지털 마케팅의 다양한 전략 중에서도 소셜 미디어 마케팅은 특히 주목할 만하다. 소셜 미디어 마케팅은 비용 효율적이어서 적은 예산으로도 큰 효과를 볼 수 있다."

문장 구조 다양화하기

📝 **프롬프트:** "다음 글에서 단문이 너무 많이 연속됩니다. 문장 구조를 다양화하여 읽기 편하게 만들어주세요: 나는 아침에 일어났다. 나는 아침을 먹었다. 나는 버스를 탔다. 나는 회사에 도착했다. 나는 일을 시작했다."

✅ **수정 결과:** "아침에 일어나 간단한 식사를 마친 후, 버스를 타고 회사로 향했다. 도착하자마자 하루의 업무를 시작했다."

화제 전환이 부자연스러운 부분 다듬기

📝 **프롬프트:** "다음 글에서 화제 전환이 갑작스러운 부분을 찾아 자연스럽게 다듬어주세요: 건강한 식습관은 매우 중요합니다. 균형 잡힌 식사를 해야 합니다. 운동은 심장 건강에 좋습니다. 하루에 30분씩 운동하면 좋

습니다."

☑ 수정 결과: "건강한 식습관은 매우 중요합니다. 균형 잡힌 식사를 통해 필요한 영양소를 섭취해야 합니다. 하지만 건강 관리는 식습관만으로는 불충분합니다. 규칙적인 운동 또한 심장 건강에 필수적이며, 하루에 30분씩 운동하는 것이 권장됩니다."

3. 분량 조절

핵심 내용만 남기고 축약하기

📝 프롬프트: "다음 글의 핵심 메시지만 유지하면서 전체 내용을 절반으로 축약해 주세요: 인공지능(AI)은 인간의 지능을 모방하여 학습, 추론, 적응, 자기 수정 등을 수행할 수 있는 시스템이나 기계를 말합니다. 1950년대부터 연구되기 시작한 인공지능은 최근 몇 년간 머신러닝과 딥러닝 기술의 발전으로 급속도로 성장했습니다. 특히 빅데이터의 축적과 컴퓨팅 파워의 증가로 인해 이전에는 불가능했던 복잡한 작업들을 수행할 수 있게 되었습니다. 오늘날 인공지능은 의료, 금융, 교통, 엔터테인먼트 등 다양한 산업 분야에서 활용되고 있으며, 우리의 일상생활에도 깊숙이 들어와 있습니다."

☑ 수정 결과: "인공지능(AI)은 인간의 지능을 모방하여 학습과 추론 등을 수행하는 시스템입니다. 머신러닝과 딥러닝 기술의 발전, 빅데이터 축적, 컴퓨팅 파워 증가로 급속도로 성장했으며, 현재는 의료, 금융, 교통 등 다양한 분야에서 활용되고 있습니다."

중요 정보를 유지하면서 30% 줄이기

📝 **프롬프트:** "다음 글의 중요한 정보는 모두 유지하되, 전체 길이를 30% 줄여주세요: 기후 변화는 지구 온난화로 인한 장기적인 기후 패턴의 변화를 의미합니다. 주로 화석 연료 사용, 산림 벌채, 농업 활동 등으로 인한 온실가스 배출이 주요 원인입니다. 이러한 변화는 해수면 상승, 극단적인 기상 현상, 생물 다양성 감소, 농작물 생산 감소 등 심각한 결과를 초래할 수 있습니다. 기후 변화에 대응하기 위해서는 재생 에너지 확대, 에너지 효율 향상, 지속 가능한 농업 및 산림 관리 등의 노력이 필요합니다. 개인적으로도 에너지 소비 줄이기, 지속 가능한 교통수단 이용하기, 식단 조절하기 등의 실천이 중요합니다."

✅ **수정 결과:** "기후 변화는 지구 온난화로 인한 장기적 기후 패턴 변화로, 화석 연료 사용, 산림 벌채, 농업 활동 등의 온실가스 배출이 원인입니다. 이는 해수면 상승, 극단적 기상 현상, 생물 다양성과 농작물 생산 감소 등을 초래합니다. 대응책으로 재생 에너지 확대, 에너지 효율 향상, 지속 가능한 관리가 필요하며, 개인적으로도 에너지 소비 감소와 지속 가능한 생활 방식 실천이 중요합니다."

특정 단어 수에 맞추어 조정하기

📝 **프롬프트:** "다음 글을 핵심은 유지하면서 100자 이내로 줄여주세요: 디지털 디톡스란 디지털 기기와 온라인 활동으로부터 의도적으로 거리를 두고 휴식을 취하는 것을 말합니다. 현대인들은 스마트폰, 컴퓨터, 소셜 미디어 등에 많은 시간을 할애하고 있어 정신적, 신체적 건강에 부정적인 영향을 받을 수 있습니다. 디지털 디톡스를 통해 실제 인간관계를 강화하고, 스트

레스를 줄이며, 집중력을 향상하는 효과를 얻을 수 있습니다."

☑ 수정 결과: "디지털 디톡스는 디지털 기기와 온라인 활동에서 의도적으로 휴식을 취하는 것으로, 실제 관계 강화, 스트레스 감소, 집중력 향상 효과가 있습니다."

요약본 작성 요청하기

☑ 프롬프트: "다음 글의 요점을 3개의 핵심 문장으로 요약해 주세요: 자기계발은 개인이 자신의 지식, 기술, 능력을 향상하기 위해 노력하는 과정입니다. 효과적인 자기계발을 위해서는 명확한 목표 설정, 꾸준한 학습과 연습, 피드백 수용, 성찰의 시간을 갖는 것이 중요합니다. 자기계발은 일회성 이벤트가 아니라 평생에 걸친 여정으로 볼 수 있으며, 작은 변화와 개선이 모여 큰 성장을 이루게 됩니다. 자기계발을 통해 개인은 더 나은 직업적 기회를 얻을 수 있을 뿐만 아니라, 자신감과 삶의 만족도도 향상할 수 있습니다."

☑ 수정 결과:
"1. 자기계발은 개인이 자신의 지식, 기술, 능력을 향상하는 과정입니다.
2. 효과적인 자기계발에는 목표 설정, 꾸준한 학습, 피드백 수용, 성찰이 중요합니다.
3. 자기계발은 평생의 여정으로, 직업적 기회와 삶의 만족도를 향상합니다."

특정 부분 상세히 확장하기

☑ 프롬프트: "다음 글에서 '명상의 효과' 부분을 더 자세히 설명하고 구체적

인 사례를 추가해 주세요: 명상은 마음을 안정시키고 집중력을 향상하는 데 도움이 됩니다. 꾸준한 명상 습관은 스트레스 감소에 효과적입니다. 명상의 효과는 다양합니다. 매일 10분씩 명상을 실천해 보세요."

- 수정 결과: "명상은 마음을 안정시키고 집중력을 향상하는 데 도움이 됩니다. 꾸준한 명상 습관은 스트레스 감소에 효과적입니다.

명상의 효과는 정신적, 신체적으로 다양하게 나타납니다. 정신적으로는 불안과 우울증 증상 감소, 감정 조절 능력 향상, 창의성 증진 등이 있습니다. 신체적으로는 혈압 감소, 면역 체계 강화, 수면의 질 개선 등이 확인되었습니다. 실제로 존스 홉킨스 대학의 연구에 따르면 8주간의 명상 프로그램 참가자들은 불안 증상이 약 30% 감소했으며, 구글, 애플 같은 기업들이 직원들에게 명상 프로그램을 제공하여 업무 효율성과 만족도가 향상된 사례가 있습니다.

매일 10분씩 명상을 실천해 보세요."

4. 콘텐츠 강화

구체적인 예시나 사례 추가하기

- 프롬프트: "다음 글에 실제 비즈니스 사례 2~3개를 추가하여 논점을 강화해 주세요: 고객 경험은 현대 비즈니스에서 중요한 경쟁력 중 하나입니다. 고객들은 제품이나 서비스 자체뿐만 아니라 그것을 경험하는 전체 과정을 중요시합니다. 긍정적인 고객 경험을 제공하는 기업은 고객 충성도와 입소문 효과를 통해 장기적인 성장을 이룰 수 있습니다."

☑ **수정 결과:** "고객 경험은 현대 비즈니스에서 중요한 경쟁력 중 하나입니다. 고객들은 제품이나 서비스 자체뿐만 아니라 그것을 경험하는 전체 과정을 중요시합니다. 긍정적인 고객 경험을 제공하는 기업은 고객 충성도와 입소문 효과를 통해 장기적인 성장을 이룰 수 있습니다.

애플은 제품 디자인뿐만 아니라 매장 경험, 언박싱 경험, 고객 지원에 이르기까지 모든 접점에서 일관된 프리미엄 경험을 제공하여 강력한 고객 충성도를 구축했습니다. 2021년 고객 유지율이 90%를 넘어선 것으로 알려졌습니다.

또한 자포스(Zappos)는 고객 서비스에 초점을 맞추어 24시간 고객 지원, 365일 무료 반품 정책, 때로는 10시간 이상 지속되는 고객 통화 등으로 유명합니다. 이러한 접근 방식으로 자포스는 신발 판매를 넘어 탁월한 서비스 기업으로 명성을 얻었고, 2009년 아마존에 12억 달러에 인수되었습니다.

이러한 사례들은 고객 경험에 투자하는 것이 단순한 만족도 향상을 넘어 실질적인 비즈니스 성장으로 이어진다는 것을 보여줍니다."

통계나 데이터를 포함해 신뢰성 높이기

📝 **프롬프트:** "다음 글에 관련 통계나 데이터를 추가하여 주장의 신뢰성을 높여주세요: 원격 근무는 직원들의 생산성과 만족도를 향상할 수 있습니다. 출퇴근 시간을 절약하고 유연한 근무 환경을 제공함으로써 일과 삶의 균형을 개선할 수 있습니다. 회사 입장에서도 사무실 비용 절감과 더 넓은 인재풀에 접근할 수 있다는 장점이 있습니다."

☑ **수정 결과:** "원격 근무는 직원들의 생산성과 만족도를 향상할 수 있습니

다. 스탠포드 대학의 2022년 연구에 따르면, 원격 근무자들의 생산성이 평균 13% 향상되었으며, 이직률은 50% 감소했습니다. 출퇴근 시간을 절약하고 유연한 근무 환경을 제공함으로써 일과 삶의 균형을 개선할 수 있습니다. 실제로 갤럽의 조사에서는 원격 근무자의 59%가 직장 스트레스가 감소했다고 응답했습니다. 회사 입장에서도 사무실 비용 절감과 더 넓은 인재풀에 접근할 수 있다는 장점이 있습니다. 글로벌 컨설팅 기업 PWC의 분석에 따르면, 기업들은 원격 근무 도입으로 직원당 연간 약 11,000달러의 비용을 절감할 수 있는 것으로 나타났습니다."

비유나 은유를 활용해 이해도 높이기

프롬프트: "다음 글의 복잡한 개념을 일상적인 비유나 은유를 사용해 더 이해하기 쉽게 만들어주세요: 블록체인은 분산형 디지털 장부로, 여러 컴퓨터에 동일한 정보가 저장되며 네트워크의 모든 참여자가 검증할 수 있습니다. 한번 기록된 정보는 변경이 거의 불가능하며, 각 거래는 암호화되어 보안성이 높습니다. 블록체인은 투명성, 보안성, 탈중앙화를 특징으로 합니다."

수정 결과: "블록체인은 마을 전체가 공유하는 특별한 공개 노트북과 같습니다. 이 노트북은 마을의 모든 구성원이 각자 똑같은 사본을 가지고 있습니다. 누군가 거래 내용을 기록하면, 마을 사람들 모두가 그것을 확인하고 자신의 노트북에도 동일하게 기록합니다.

한번 잉크로 쓰여진 내용은 지울 수 없고, 각 페이지는 특별한 자물쇠로 보호됩니다. 만약 누군가 과거의 기록을 변경하려면, 마을 전체 사람들의 노트북을 동시에 바꿔야 하기 때문에 사실상 불가능합니다.

이런 마을 공동의 노트북 시스템은 모두에게 투명하게 보이고(투명성), 내용을 함부로 바꿀 수 없으며(보안성), 어느 한 사람이나 기관이 아닌 마을 구성원 모두가 함께 관리합니다(탈중앙화)."

시각적 묘사 추가하기

📝 프롬프트: "다음 글에 시각적 묘사를 추가하여 독자가 장면을 더 생생하게 상상할 수 있게 해주세요: 그는 카페에 앉아 커피를 마시며 생각에 잠겼다. 창밖으로 비가 내리고 있었다. 사람들이 우산을 쓰고 지나갔다. 그는 그녀에게 전화를 걸기로 결심했다."

✅ 수정 결과: "그는 오래된 원목 테이블이 있는 따뜻한 조명의 카페 구석자리에 앉아, 김이 모락모락 피어오르는 아메리카노를 양손으로 감싸쥐며 생각에 잠겼다. 창밖으로는 회색빛 하늘에서 굵은 빗방울이 땅바닥을 두드리며 작은 물웅덩이들을 만들고 있었다. 색색의 우산을 쓴 사람들이 빗방울을 피해 서둘러 걸음을 재촉하는 모습이 흐릿한 유리창에 비쳤다. 그의 스마트폰 화면에 그녀의 웃는 얼굴이 담긴 사진이 반짝였고, 그는 깊은 숨을 들이마신 후 떨리는 손가락으로 그녀에게 전화를 걸기로 결심했다."

인용구나 전문가 의견 추가하기

📝 프롬프트: "다음 글에 이 분야 전문가의 의견이나 관련 인용구를 추가하여 내용을 보강해 주세요: 미니멀리즘은 단순히 물건을 줄이는 것이 아니라 본질에 집중하는 삶의 방식입니다. 필요한 것과 필요하지 않은 것을 구분하고, 진정으로 가치 있는 것에 시간과 에너지를 투자하는 것이 중요합니다. 미니멀리즘을 통해 많은 사람들이 스트레스 감소와 정신적 여유를

경험하고 있습니다."

☑ 수정 결과: "미니멀리즘은 단순히 물건을 줄이는 것이 아니라 본질에 집중하는 삶의 방식입니다. 필요한 것과 필요하지 않은 것을 구분하고, 진정으로 가치 있는 것에 시간과 에너지를 투자하는 것이 중요합니다.

미니멀리즘의 선구자인 마리 콘도는 '물건을 정리하는 것은 사실 삶을 정리하는 것'이라고 말했습니다. 또한 디지털 미니멀리즘 운동의 주창자 칼 뉴포트 교수는 '의도적으로 적은 것을 선택하는 것이 더 많은 행복을 가져온다'라고 자신의 연구에서 밝혔습니다.

스탠포드 대학의 소비자 행동 연구자 제니퍼 아커 박사는 '소유물이 적을수록 사람들은 더 큰 만족감을 느끼며, 물질적 소유에 대한 집착이 줄어들수록 개인의 웰빙 지수가 향상된다'라고 연구 결과를 발표했습니다.

UCLA의 생활학과 연구팀이 진행한 8년간의 종단 연구에 따르면, 미니멀 라이프스타일을 실천하는 가정의 구성원들이 그렇지 않은 가정보다 스트레스 호르몬인 코르티솔 수치가 평균 23% 낮게 나타났습니다. 미니멀리즘을 통해 많은 사람들이 스트레스 감소와 정신적 여유를 경험하고 있는 것은 이러한 과학적 근거에 바탕을 두고 있습니다."

5. 독자 친화적 개선

전문 용어를 쉬운 말로 바꾸기

📝 프롬프트: "다음 글의 IT 전문 용어들을 일반인도 이해할 수 있는 쉬운 말로 바꿔주세요: 클라우드 컴퓨팅은 인터넷 기반 컴퓨팅의 일종으로 SaaS,

PaaS, IaaS 등의 서비스 모델을 통해 온디맨드로 컴퓨팅 리소스를 제공합니다. 가상화 기술을 활용하여 스케일링이 용이하며 OPEX 중심의 비용 구조를 가집니다."

☑ 수정 결과: "클라우드 컴퓨팅은 자신의 컴퓨터가 아닌 인터넷을 통해 다른 회사의 컴퓨터를 빌려 쓰는 방식입니다. 소프트웨어 서비스, 개발 환경, 컴퓨터 자원 등 필요할 때 바로 이용할 수 있는 다양한 서비스를 제공합니다. 여러 사용자가 한 대의 컴퓨터를 나눠 쓰는 기술을 활용해 필요에 따라 쉽게 규모를 늘리거나 줄일 수 있으며, 초기 구매 비용 대신 사용한 만큼만 지불하는 방식으로 비용을 관리합니다."

타깃 독자층에 맞게 어휘 수준 조정하기

📝 프롬프트: "다음 글을 중학생이 이해하기 쉬운 수준의 어휘로 수정해 주세요: 경제학에서 인플레이션이란 화폐 가치의 하락으로 인한 물가 상승을 의미합니다. 통화량 증가, 수요 증가, 공급 감소, 비용 상승 등 다양한 요인에 의해 발생할 수 있으며, 화폐의 구매력을 약화시키고 경제적 불확실성을 증가시킵니다."

☑ 수정 결과: "경제학에서 인플레이션이란 돈의 가치가 떨어져서 물건 값이 올라가는 현상을 말해요. 세상에 돈이 너무 많이 풀리거나, 사람들이 물건을 많이 사려고 하거나, 물건이 충분히 만들어지지 않거나, 물건을 만드는 비용이 올라갈 때 생길 수 있어요. 인플레이션이 생기면 같은 돈으로 예전보다 적은 물건을 살 수 있게 되고, 미래에 물가가 어떻게 변할지 예측하기 어려워져요."

능동태 위주로 수정해 생동감 높이기

- 프롬프트: "다음 글의 수동태 문장들을 능동태로 바꿔 더 직접적이고 생동감 있게 만들어주세요: 이 책은 많은 독자들에 의해 사랑받고 있습니다. 작가의 독특한 시각이 책 전체에 반영되었으며, 등장인물들의 심리가 섬세하게 묘사되었습니다. 또한 이 작품은 여러 언어로 번역되어 전 세계적으로 알려지게 되었습니다."

- 수정 결과: "많은 독자들이 이 책을 사랑합니다. 작가의 독특한 시각이 책 전체를 물들이며, 작가는 등장인물들의 심리를 섬세하게 묘사합니다. 또한 번역가들이 이 작품을 여러 언어로 번역하여 전 세계에 알렸습니다."

질문 형태로 바꿔 독자 참여 유도하기

- 프롬프트: "다음 글에 독자의 생각을 묻는 질문을 2~3개 추가하여 참여를 유도해 주세요: 지속 가능한 생활 방식은 환경 보호와 자원 절약에 중요합니다. 일회용품 사용을 줄이고, 대중교통을 이용하며, 에너지 효율적인 가전제품을 사용하는 것이 도움이 됩니다. 작은 변화들이 모여 큰 차이를 만들 수 있습니다."

- 수정 결과: "지속 가능한 생활 방식은 환경 보호와 자원 절약에 중요합니다. 여러분은 일상에서 환경을 위해 어떤 노력을 하고 계신가요? 일회용품 사용을 줄이고, 대중교통을 이용하며, 에너지 효율적인 가전제품을 사용하는 것이 도움이 됩니다. 이 중에서 여러분이 가장 쉽게 실천할 수 있는 방법은 무엇이라고 생각하시나요? 작은 변화들이 모여 큰 차이를 만들 수 있습니다. 만약 더 많은 사람들이 지속 가능한 생활 방식을 채택한다면 우리 환경이 어떻게 변화할 것이라고 예상하시나요?"

공감대 형성을 위한 표현 추가하기

📝 **프롬프트:** "다음 글에 독자와 공감대를 형성할 수 있는 표현을 추가해 주세요: 직장에서의 스트레스는 피할 수 없는 부분입니다. 효과적인 스트레스 관리 방법으로는 규칙적인 운동, 충분한 휴식, 명상, 취미 활동 등이 있습니다. 자신에게 맞는 방법을 찾아 꾸준히 실천하는 것이 중요합니다."

✅ **수정 결과:** "우리 모두 알다시피, 직장에서의 스트레스는 피할 수 없는 부분입니다. 마감이 다가오거나 상사의 기대치가 높을 때 느끼는 그 압박감, 한 번쯤은 경험해 보셨을 겁니다. 효과적인 스트레스 관리 방법으로는 규칙적인 운동, 충분한 휴식, 명상, 취미 활동 등이 있습니다. 나도 그렇듯이, 처음에는 이런 방법들이 시간 낭비처럼 느껴질 수 있지만, 실제로는 정신 건강과 생산성에 투자하는 것입니다. 자신에게 맞는 방법을 찾아 꾸준히 실천하는 것이 중요합니다. 결국 우리 모두는 완벽한 균형을 찾아가는 여정 속에 있는 것이니까요."

6. 목적별 최적화

설득력 강화를 위한 논리 구조 다듬기

📝 **프롬프트:** "다음 글을 설득력 있는 논리 구조로 재구성해 주세요. 주장-근거-반론 해소-결론 순으로 정리해 주세요: 재활용은 중요합니다. 쓰레기 매립지 공간이 부족해지고 있습니다. 자원을 절약할 수 있습니다. 재활용이 번거롭다고 생각하는 사람들도 있습니다. 플라스틱, 종이, 금속 등 다양한 재료를 재활용할 수 있습니다. 환경 오염을 줄일 수 있습니다."

☑ 수정 결과:

"주장: 재활용은 우리 사회와 환경을 위해 필수적인 활동입니다.

근거: 첫째, 전 세계적으로 쓰레기 매립지 공간이 급격히 부족해지고 있습니다. 둘째, 재활용을 통해 플라스틱, 종이, 금속 등 다양한 귀중한 자원을 절약할 수 있습니다. 셋째, 재활용은 새로운 제품 생산 과정에서 발생하는 환경 오염을 크게 줄일 수 있습니다.

반론 해소: 일부 사람들은 재활용이 번거롭고 시간이 많이 소요된다고 주장합니다. 그러나 현대의 재활용 시스템은 점점 더 편리해지고 있으며, 간단한 분리수거 습관을 들이는 데 드는 작은 노력에 비해 환경적 이득은 훨씬 큽니다.

결론: 따라서 우리 모두가 일상생활에서 재활용을 실천함으로써, 자원을 보존하고 환경 오염을 줄이며 지속 가능한 미래를 위한 중요한 기여를 할 수 있습니다."

특정 감정 반응을 유도하는 표현 강화하기

✏️ 프롬프트: "다음 글을 읽는 사람이 희망적인 감정을 느낄 수 있도록 표현을 수정해 주세요: 기후 변화는 심각한 문제입니다. 전 세계적으로 이상 기후 현상이 증가하고 있습니다. 그러나 재생 에너지 기술이 발전하고 있고, 많은 국가들이 탄소 배출 감소를 위해 노력하고 있습니다. 개인의 작은 실천도 차이를 만들 수 있습니다."

☑ 수정 결과: "기후 변화는 도전적인 과제이지만, 우리 함께라면 반드시 극복할 수 있습니다! 전 세계적으로 이상 기후 현상이 증가하고 있지만, 이에 맞서 인류의 혁신적인 대응도 빛나고 있습니다. 태양광과 풍력 같은 재

생 에너지 기술이 놀라운 속도로 발전하며 밝은 미래를 약속하고 있고, 이미 많은 국가들이 탄소 중립을 향한 힘찬 발걸음을 내딛고 있습니다. 여러분의 작은 실천 하나하나가 모여 거대한 변화의 물결을 만들고 있으며, 우리 모두는 더 푸르고 건강한 지구를 자녀들에게 물려줄 수 있는 희망의 주인공입니다. 함께라면 반드시 가능합니다!"

SEO를 위한 키워드 자연스럽게 배치하기

📝 **프롬프트**: "다음 글에 '친환경 패션', '지속 가능한 의류'라는 키워드를 자연스럽게 3회 이상 포함해 주세요: 패션 산업은 환경에 큰 영향을 미칩니다. 물 소비, 화학물질 사용, 폐기물 발생 등 여러 환경 문제를 야기합니다. 최근에는 환경을 고려한 의류 브랜드들이 증가하고 있습니다. 소비자들도 환경에 미치는 영향을 고려하여 패션 아이템을 선택하는 경향이 높아지고 있습니다."

✅ **수정 결과**: "패션 산업은 환경에 큰 영향을 미치며, 이는 **친환경 패션**의 중요성을 더욱 부각시키고 있습니다. 물 소비, 화학물질 사용, 폐기물 발생 등 여러 환경 문제를 야기하는 전통적인 의류 생산 방식과 달리, **지속 가능한 의류**는 이러한 문제들을 최소화하는 데 초점을 맞추고 있습니다.

최근에는 친환경 패션을 추구하는 브랜드들이 크게 증가하고 있으며, 유기농 면, 재활용 소재, 천연 염료 등을 활용한 지속 가능한 의류 라인을 선보이고 있습니다. 소비자들도 환경에 미치는 영향을 고려하여 패션 아이템을 선택하는 경향이 높아지고 있으며, **친환경 패션**과 **지속 가능한 의류**에 대한 관심과 수요가 계속해서 증가하고 있습니다."

특정 플랫폼에 맞게 형식 조정하기

📝 **프롬프트:** "다음 글을 인스타그램 포스팅에 적합한 짧은 문단과 해시태그를 포함한 형식으로 변경해 주세요: 제주도 여행은 아름다운 자연 경관과 맛있는 음식으로 유명합니다. 성산일출봉, 우도, 한라산 등 다양한 관광지가 있습니다. 특히 봄에는 유채꽃이 만발하여 노란 꽃밭을 즐길 수 있습니다. 제주도 흑돼지, 해산물, 감귤 등 특산품도 맛볼 수 있습니다."

☑ **수정 결과:**

"제주의 봄이 찾아왔어요!
노란 유채꽃 물결 속에서 인생샷 남기고 왔습니다 ♡
성산일출봉에서 맞이한 아침 해는 정말 잊을 수 없는 장면이었어요
우도에서는 전동차 타고 한 바퀴 돌면서 에메랄드빛 바다를 만끽했답니다
역시 제주 여행의 백미는 먹방! 흑돼지 구이와 신선한 해산물로 배가 두 배 ♪
#제주도여행 #제주스타그램 #유채꽃 #성산일출봉 #우도여행 #제주맛집 #흑돼지구이 #감귤 #힐링여행 #봄나들이 #여행스타그램"

특정 분야의 관행에 맞게 수정하기

📝 **프롬프트:** "다음 글을 학술 논문 초록 형식에 맞게 수정해 주세요: 사회 미디어는 청소년들의 정신 건강에 영향을 미칩니다. 여러 연구에서 사회 미디어 사용 시간과 우울증, 불안감 사이의 관계가 발견되었습니다. 하지만 긍정적인 영향도 있습니다. 적절히 사용하면 사회적 연결과 정보 접근에 도움이 됩니다. 부모와 교육자들은 청소년들의 사회 미디어 사용에 관심을 가져야 합니다."

☑ 수정 결과:

"초록

본 연구는 사회 미디어가 청소년의 정신 건강에 미치는 다차원적 영향을 검토한다. 기존 문헌 분석을 통해 사회 미디어 사용 시간과 우울증, 불안장애 등 부정적 정신 건강 지표 간의 유의미한 상관관계를 확인하였다. 그러나 본 연구는 이러한 부정적 영향과 함께, 사회적 연결성 강화 및 정보 접근성 향상 등 잠재적 긍정 효과에 대한 균형 잡힌 관점을 제시한다. 연구 결과는 청소년의 사회 미디어 사용에 대한 부모 및 교육자의 적극적 모니터링과 중재의 중요성을 시사하며, 향후 사회 미디어 사용에 관한 세분화된 지침 개발의 필요성을 강조한다. 이러한 발견은 청소년 정신 건강 증진을 위한 효과적인 디지털 미디어 정책 수립에 기여할 것으로 기대된다.

주제어: 사회 미디어, 청소년, 정신 건강, 우울증, 사회적 연결성, 미디어 리터러시"

7. 톤/스타일 조정

격식/비격식 조절하기

📝 프롬프트: "다음 글을 비즈니스 이메일에 적합한 격식체로 수정해 주세요: 안녕 김부장님, 지난번 회의에서 얘기했던 프로젝트 계획서 보내드려요. 한번 살펴보시고 피드백 주세요. 특히 예산 부분 확인 부탁해요. 빠른 답변 기다릴게요. 고마워요!"

☑ 수정 결과: "김 부장님께, 안녕하십니까.

지난 회의에서 논의했던 프로젝트 계획서를 첨부하여 송부드립니다. 검토하시고 귀하의 소중한 의견을 주시면 감사하겠습니다. 특히 예산 부분에 대해 면밀한 확인을 부탁드립니다.

신속한 회신 부탁드리며, 항상 건강하시길 기원합니다.

감사합니다.

OOO 드림"

감정적 톤 조절하기

📝 **프롬프트:** "다음 글의 톤을 더 열정적이고 활기찬 느낌으로 수정해 주세요: 독서는 좋은 취미입니다. 다양한 지식을 얻을 수 있고 상상력도 기를 수 있습니다. 시간이 날 때 책을 읽어보세요. 도서관이나 서점에 방문하는 것도 좋습니다."

✅ **수정 결과:** "독서는 단순한 취미를 넘어 인생을 변화시키는 놀라운 모험입니다! 책 속에 담긴 무한한 세계를 통해 여러분의 마음과 정신은 새로운 지식으로 가득 채워지고, 상상력은 하늘로 치솟게 될 거예요! 지금 바로 흥미진진한 독서 여행을 시작해 보세요! 주말에는 도서관이나 서점에서 보물 같은 책들을 발견하는 짜릿한 경험을 놓치지 마세요! 여러분의 인생을 풍요롭게 할 독서의 마법이 기다리고 있습니다! ☆"

특정 브랜드나 개인의 목소리에 맞추기

📝 **프롬프트:** "다음 글을 애플 브랜드의 심플하고 세련된 톤앤매너로 다시 작성해 주세요: 저희 새 스마트폰은 정말 좋은 카메라 기능이 있습니다. 사진을 예쁘게 찍을 수 있고, 배터리도 오래 갑니다. 다양한 앱을 사용할

수 있고, 화면도 큽니다. 가격도 합리적입니다. 많은 사람들이 좋아할 것 같습니다."

☑ 수정 결과: "완전히 새롭게 디자인된 카메라 시스템. 당신의 일상을 예술로 바꿔줍니다.

혁신적인 배터리 기술로 하루 종일 지속되는 성능.

직관적인 인터페이스와 놀라운 앱 생태계.

더 넓어진 디스플레이에서 콘텐츠가 생생하게 살아납니다.

당신이 사랑할 모든 것. 당신이 기대한 것보다 더 합리적인 가격으로."

유머나 위트 요소 추가/제거하기

✏️ 프롬프트: "다음 글에 적절한 유머 요소를 추가하여 더 가볍고 친근한 느낌으로 만들어주세요: 건강한 식습관은 영양소 균형이 중요합니다. 채소와 과일을 충분히 섭취하고, 단백질, 탄수화물, 지방을 적절히 조절해야 합니다. 물을 많이 마시고 가공식품은 줄이는 것이 좋습니다. 규칙적인 식사 시간도 중요합니다."

☑ 수정 결과: "건강한 식습관은 영양소 균형이 중요합니다. 어머니가 '브로콜리 먹어!'라고 잔소리하셨던 이유가 있었네요. (그녀는 항상 옳았습니다… 하지만 이 사실은 비밀로 해주세요!)

채소와 과일을 충분히 섭취하고, 단백질, 탄수화물, 지방을 적절히 조절해야 합니다. 네, 이것은 피자가 '완벽한 균형 잡힌 식사'가 아니라는 슬픈 현실을 의미합니다. 아무리 모든 식품군이 들어있다고 주장해도 말이죠!

물을 많이 마시고 가공식품은 줄이는 것이 좋습니다. 만약 포테이토칩 봉지와 대화를 나누기 시작했다면, 아마도 물을 더 마실 때가 된 겁니다!

규칙적인 식사 시간도 중요합니다. 여러분의 위장도 시계를 가지고 있으니까요… 그리고 그 시계가 울릴 때 무시하면 매우 시끄러워진다는 것을 우리 모두 알고 있죠!"

문화적 맥락에 맞게 표현 조정하기

- 프롬프트: "다음 글을 한국 문화적 맥락에 맞는 표현으로 수정해 주세요: 친구를 집에 초대할 때는 간단한 음식과 음료를 준비하면 됩니다. 보통 6시쯤 저녁 식사를 하고, 8시쯤 집에 가는 것이 일반적입니다. 선물을 가져올 필요는 없지만, 와인이나 디저트를 가져오는 경우도 있습니다."
- 수정 결과: "친구를 집에 초대할 때는 정성스러운 음식을 준비하는 것이 좋습니다. 한국에서는 손님이 오면 여러 가지 반찬과 함께 푸짐한 식사를 대접하는 것이 일반적입니다. 보통 저녁 약속은 6시 이후에 시작하며, 식사 후에는 차와 다과를 함께 즐기는 시간을 가지므로 늦은 시간까지 이어질 수 있습니다. 한국에서는 빈손으로 방문하지 않는 문화가 있어, 방문할 때 계절 과일, 음료수, 디저트 등의 작은 선물을 가져오는 것이 예의입니다. 특히 집들이라면 휴지나 세제 같은 실용적인 선물도 좋습니다."

8. 구조적 개선

단락 구분 최적화하기

- 프롬프트: "다음 글의 단락 구분을 주제별로 더 명확하게 나누어 주세요: 커피는 전 세계에서 가장 인기 있는 음료 중 하나입니다. 카페인은 중추신

경계를 자극하여 집중력과 각성 효과를 줍니다. 그러나 과도한 카페인 섭취는 불안, 불면증 등의 부작용을 일으킬 수 있습니다. 커피는 아라비카종과 로부스타종이 주로 재배됩니다. 아라비카는 부드러운 맛과 향으로 유명하며, 로부스타는 강한 맛과 높은 카페인 함량이 특징입니다. 커피는 에스프레소, 아메리카노, 라테 등 다양한 방식으로 즐길 수 있습니다. 커피는 항산화 물질이 풍부하여 적절히 섭취하면 건강에 도움이 될 수 있습니다. 커피 문화는 나라마다 다양하게 발전해 왔습니다."

☑ 수정 결과:

"커피의 인기와 효과

커피는 전 세계에서 가장 인기 있는 음료 중 하나입니다. 카페인은 중추신경계를 자극하여 집중력과 각성 효과를 줍니다. 그러나 과도한 카페인 섭취는 불안, 불면증 등의 부작용을 일으킬 수 있습니다.

커피의 종류

커피는 아라비카종과 로부스타종이 주로 재배됩니다. 아라비카는 부드러운 맛과 향으로 유명하며, 로부스타는 강한 맛과 높은 카페인 함량이 특징입니다.

커피의 다양한 음료

커피는 에스프레소, 아메리카노, 라테 등 다양한 방식으로 즐길 수 있습니다.

커피와 건강

커피는 항산화 물질이 풍부하여 적절히 섭취하면 건강에 도움이 될 수 있습니다.

세계의 커피 문화

커피 문화는 나라마다 다양하게 발전해 왔습니다."

논리적 순서 재배치하기

📝 **프롬프트**: "다음 글의 내용을 시간 순서대로 재배치해 주세요: 스마트폰은 우리 생활의 필수품이 되었습니다. 2007년 애플이 아이폰을 출시하면서 스마트폰 시장이 본격적으로 성장했습니다. 오늘날에는 인공지능과 결합된 첨단 기능들이 계속 추가되고 있습니다. 초기 스마트폰은 단순한 전화와 문자 기능을 갖추고 있었습니다. 2010년대에는 카메라와 앱 생태계가 크게 발전했습니다."

✅ **수정 결과**: "초기 스마트폰은 단순한 전화와 문자 기능을 갖추고 있었습니다. 2007년 애플이 아이폰을 출시하면서 스마트폰 시장이 본격적으로 성장했습니다. 2010년대에는 카메라와 앱 생태계가 크게 발전했습니다. 오늘날에는 인공지능과 결합된 첨단 기능들이 계속 추가되고 있습니다. 스마트폰은 우리 생활의 필수품이 되었습니다."

글머리 기호나 번호 매기기로 가독성 높이기

📝 **프롬프트**: "다음 글의 주요 포인트를 글머리 기호로 구분하여 읽기 쉽게 만들어주세요: 효과적인 시간 관리를 위해서는 몇 가지 전략이 필요합니다. 먼저 우선순위를 정하는 것이 중요합니다. 모든 일을 다 할 수는 없으므로 중요한 일부터 처리해야 합니다. 또한 계획을 세우는 것이 도움이 됩니다. 하루 일과를 미리 계획하면 시간을 더 효율적으로 사용할 수 있습니다. 방해 요소를 제거하는 것도 필요합니다. 소셜 미디어나 불필요한 알림은 집중력을 저하시킵니다. 휴식 시간을 갖는 것 역시 중요합니다. 적절한

휴식은 생산성을 높여줍니다. 마지막으로 자신의 시간 관리 방식을 정기적으로 평가하고 개선할 필요가 있습니다."

☑ 수정 결과:

"# 효과적인 시간 관리 전략
- **우선순위 설정**: 모든 일을 다 할 수는 없으므로 중요한 일부터 처리해야 합니다.
- **계획 수립**: 하루 일과를 미리 계획하면 시간을 더 효율적으로 사용할 수 있습니다.
- **방해 요소 제거**: 소셜 미디어나 불필요한 알림은 집중력을 저하시키므로 차단합니다.
- **적절한 휴식**: 휴식 시간을 갖는 것은 생산성을 높이는 데 중요합니다.
- **정기적 평가**: 자신의 시간 관리 방식을 정기적으로 평가하고 개선합니다."

소제목 추가하기

✎ 프롬프트: "다음 글에 각 주제별로 소제목을 추가하여 구조를 명확히 해주세요: 운동은 건강에 많은 이점을 제공합니다. 규칙적인 운동은 심혈관 질환, 당뇨병, 고혈압 등의 위험을 줄여줍니다. 또한 정신 건강에도 긍정적인 영향을 미칩니다. 운동은 스트레스와 불안을 감소시키고 우울증 증상을 완화하는 데 도움이 됩니다. 운동을 시작하기 전에 자신의 건강 상태를 확인하는 것이 중요합니다. 필요하다면 의사와 상담하는 것이 좋습니다. 초보자는 가볍게 시작하여 점진적으로 강도를 높이는 것이 안전합니다. 주당 150분의 중간 강도 유산소 운동과 주 2회 이상의 근력 운동이

권장됩니다. 꾸준함이 가장 중요합니다. 불규칙적인 운동보다는 짧더라도 규칙적인 운동이 더 효과적입니다."

☑ 수정 결과:

"# 운동과 건강

건강상의 이점

운동은 건강에 많은 이점을 제공합니다. 규칙적인 운동은 심혈관 질환, 당뇨병, 고혈압 등의 위험을 줄여줍니다.

정신 건강에 미치는 영향

또한 정신 건강에도 긍정적인 영향을 미칩니다. 운동은 스트레스와 불안을 감소시키고 우울증 증상을 완화하는 데 도움이 됩니다.

시작 전 주의 사항

운동을 시작하기 전에 자신의 건강 상태를 확인하는 것이 중요합니다. 필요하다면 의사와 상담하는 것이 좋습니다.

초보자를 위한 조언

초보자는 가볍게 시작하여 점진적으로 강도를 높이는 것이 안전합니다.

권장되는 운동량

주당 150분의 중간 강도 유산소 운동과 주 2회 이상의 근력 운동이 권장됩니다.

꾸준함의 중요성

꾸준함이 가장 중요합니다. 불규칙적인 운동보다는 짧더라도 규칙적인 운동이 더 효과적입니다."

서론-본론-결론 구조 명확히 하기

📝 **프롬프트:** "다음 글을 서론-본론-결론 구조로 명확하게 재구성해 주세요: 플라스틱 오염은 심각한 환경 문제입니다. 플라스틱은 분해되는 데 수백 년이 걸립니다. 해양 생물들이 플라스틱을 먹이로 오인하여 섭취하게 됩니다. 미세 플라스틱은 먹이 사슬을 통해 인간에게도 영향을 미칩니다. 플라스틱 사용을 줄이기 위해 개인적 노력이 필요합니다. 재사용 가능한 제품을 사용하는 것이 좋습니다. 기업들도 친환경적인 포장재를 개발해야 합니다. 정부는 플라스틱 규제 정책을 강화할 필요가 있습니다. 플라스틱 오염을 줄이기 위해 모두의 협력이 중요합니다."

✅ **수정 결과:**

"서론

플라스틱 오염은 심각한 환경 문제입니다. 플라스틱은 분해되는 데 수백 년이 걸리며, 이로 인해 지구 생태계에 장기적인 피해를 주고 있습니다.

본론

플라스틱 오염의 영향은 광범위합니다. 해양 생물들이 플라스틱을 먹이로 오인하여 섭취하게 되며, 이는 해양 생태계 전반에 악영향을 미칩니다. 더욱 우려되는 점은 미세 플라스틱이 먹이 사슬을 통해 인간에게도 영향을 미친다는 것입니다.

이러한 문제를 해결하기 위해서는 다양한 수준의 노력이 필요합니다. 개인적 차원에서는 플라스틱 사용을 줄이고 재사용 가능한 제품을 사용하는 것이 중요합니다. 기업 차원에서는 친환경적인 포장재를 개발하고 제품 생산 과정에서 플라스틱 사용을 최소화해야 합니다. 정부 차원에서는 플라스틱 규제 정책을 강화하고 친환경 대안을 지원하는 정책을 마련할 필요가 있습니다.

결론

플라스틱 오염을 줄이기 위해서는 개인, 기업, 정부 등 사회 구성원 모두의 협력이 중요합니다. 지금 우리가 취하는 작은 실천들이 모여 미래 세대에게 더 깨끗한 환경을 물려줄 수 있을 것입니다."

9. 명확성 향상

모호한 표현 구체화하기

📝 프롬프트: "다음 글에서 '적절한', '효과적인'과 같은 모호한 표현을 더 구체적인 표현으로 바꿔주세요: 건강한 생활을 위해서는 적절한 식습관이 중요합니다. 효과적인 운동을 꾸준히 하는 것이 좋습니다. 또한 충분한 수면과 적절한 스트레스 관리가 필요합니다. 좋은 인간관계를 유지하는 것도 건강에 도움이 됩니다."

☑ 수정 결과: "건강한 생활을 위해서는 하루 세 끼 균형 잡힌 식사와 충분한 채소 및 과일 섭취가 중요합니다. 주 3~4회, 회당 30분 이상의 유산소 운동과 주 2회의 근력 운동을 꾸준히 하는 것이 좋습니다. 또한 매일 7~8시간의 규칙적인 수면과 명상, 취미 활동 등을 통한 계획적인 스트레스 관리가 필요합니다. 정기적인 만남과 솔직한 대화를 통한 깊이 있는 인간관계를 유지하는 것도 건강에 도움이 됩니다."

대명사의 지시 대상 명확히 하기

📝 **프롬프트:** "다음 글에서 '이것', '그것'과 같은 대명사가 무엇을 가리키는지 명확하게 수정해 주세요: 디지털 리터러시는 중요합니다. 이것은 현대 사회에서 필수적인 능력입니다. 학교에서는 이것을 가르쳐야 합니다. 아이들이 그것을 배우면 미래에 도움이 될 것입니다. 또한 그들은 이것을 통해 안전하게 온라인 활동을 할 수 있습니다."

✅ **수정 결과:** "디지털 리터러시는 중요합니다. 디지털 리터러시는 현대 사회에서 필수적인 능력입니다. 학교에서는 디지털 리터러시를 가르쳐야 합니다. 아이들이 디지털 리터러시를 배우면 미래에 도움이 될 것입니다. 또한 아이들은 디지털 리터러시를 통해 안전하게 온라인 활동을 할 수 있습니다."

추상적 개념에 구체적 예시 추가하기

📝 **프롬프트:** "다음 글의 '디지털 혁신'이라는 추상적 개념에 실제 사례를 추가해 주세요: 디지털 혁신은 기업의 경쟁력을 높이는 중요한 전략입니다. 디지털 혁신을 통해 기업은 비용을 절감하고 효율성을 높일 수 있습니다. 또한 고객 경험을 개선하고 새로운 비즈니스 모델을 창출할 수 있습니다. 디지털 혁신에 뒤처지는 기업은 시장에서 도태될 위험이 있습니다."

✅ **수정 결과:** "디지털 혁신은 기업의 경쟁력을 높이는 중요한 전략입니다. 예를 들어 넷플릭스는 DVD 대여 비즈니스에서 스트리밍 서비스로 디지털 혁신을 이루어 엔터테인먼트 산업의 패러다임을 바꾸었습니다. 디지털 혁신을 통해 기업은 비용을 절감하고 효율성을 높일 수 있습니다. 실제로 스타벅스는 모바일 주문 시스템을 도입하여 매장 대기 시간을 줄

이고 직원 생산성을 20% 향상시켰습니다.

또한 고객 경험을 개선하고 새로운 비즈니스 모델을 창출할 수 있습니다. 나이키는 NIKE+ 앱을 통해 고객들이 운동 데이터를 추적하고 커뮤니티와 공유할 수 있게 함으로써 단순한 신발 제조업체에서 라이프스타일 브랜드로 진화했습니다.

디지털 혁신에 뒤처지는 기업은 시장에서 도태될 위험이 있습니다. 코닥은 디지털 카메라의 부상에 적절히 대응하지 못해 파산을 겪었고, 블록버스터는 디지털 스트리밍 서비스로의 전환에 실패하여 넷플릭스에 시장을 내주게 되었습니다."

복잡한 아이디어를 단계별로 설명하기

📝 프롬프트: "다음 글의 복잡한 프로세스를 단계별로 나누어 더 이해하기 쉽게 설명해 주세요: 머신러닝 모델 개발은 데이터 수집부터 시작하여 전처리, 특성 추출, 모델 선택, 하이퍼파라미터 튜닝, 교차 검증, 모델 평가, 배포, 모니터링까지 여러 단계를 거쳐 이루어집니다. 데이터가 부족하거나 편향된 경우 모델의 성능이 저하될 수 있으며, 과적합 문제를 방지하기 위해 정규화 기법을 적용해야 합니다."

☑ 수정 결과:

"# 머신러닝 모델 개발 과정: 단계별 가이드

1단계: 데이터 수집

- 문제 해결에 필요한 데이터를 다양한 소스에서 수집합니다.
- 데이터의 양과 질이 모델 성능에 직접적인 영향을 미칩니다.

2단계: 데이터 전처리

- 누락된 값을 처리하고 이상치를 제거합니다.
- 데이터 형식을 통일하고 필요에 따라 표준화/정규화합니다.

3단계: 특성 추출

- 원시 데이터에서 모델에 유용한 특성(feature)을 선별합니다.
- 필요한 경우 차원 축소나 특성 공학 기법을 적용합니다.

4단계: 모델 선택

- 문제 유형(분류, 회귀, 클러스터링 등)에 적합한 알고리즘을 선택합니다.
- 여러 기본 모델을 비교하여 성능을 평가합니다.

5단계: 하이퍼파라미터 튜닝

- 선택한 모델의 하이퍼파라미터를 최적화합니다.
- 그리드 서치나 랜덤 서치 방법을 활용합니다.

6단계: 교차 검증

- 데이터를 여러 부분으로 나누어 모델을 반복적으로 학습하고 검증합니다.
- 이를 통해 과적합 여부를 확인하고 모델의 일반화 능력을 평가합니다.

7단계: 모델 평가

- 테스트 데이터셋을 사용하여 최종 모델의 성능을 평가합니다.
- 정확도, 정밀도, 재현율 등 적절한 평가 지표를 선택합니다.

8단계: 모델 배포

- 학습된 모델을 실제 환경에 적용합니다.
- API나 웹 서비스 형태로 제공할 수 있습니다.

9단계: 모니터링 및 유지보수

- 모델의 성능을 지속적으로 모니터링합니다.
- 필요시 재학습하여 성능을 유지합니다.

주의 사항: 데이터가 부족하거나 편향된 경우 모델의 성능이 저하될 수 있으며 과적합 문제를 방지하기 위해 드롭아웃, L1/L2 정규화 같은 기법을 적용해야 합니다."

전문 용어 정의 추가하기

📝 **프롬프트**: "다음 글에 나오는 전문 용어들에 간단한 정의나 설명을 괄호 안에 추가해 주세요: 블록체인 기술은 분산 원장에 기반하여 높은 보안성을 제공합니다. 이더리움은 스마트 계약 기능을 제공하여 다양한 DApp 개발을 가능하게 합니다. 또한 NFT 시장이 활성화되면서 디지털 자산의 소유권을 증명하는 방식에 혁신이 일어났습니다. 최근에는 DeFi가 전통적인 금융 시스템에 도전하고 있습니다."

☑ **수정 결과**: "블록체인 기술(여러 참여자가 공동으로 거래 기록을 검증하고 저장하는 분산형 데이터베이스 기술)은 분산 원장(중앙 기관 없이 여러 컴퓨터에 동일한 정보가 저장되는 시스템)에 기반하여 높은 보안성을 제공합니다. 이더리움(비트코인 이후 등장한 대표적인 블록체인 플랫폼)은 스마트 계약(특정 조건이 충족되면 자동으로 실행되는 디지털 계약) 기능을 제공하여 다양한 DApp(분산 애플리케이션, 중앙 서버 없이 블록체인 상에서 구동되는 응용 프로그램)개발을 가능하게 합니다. 또한 NFT(대체 불가능한 토큰, 고유성과 희소성을 가진 디지털 자산) 시장이 활성화되면서 디지털 자산의 소유권을 증명하는 방식에 혁신이 일어났습니다. 최근에는 DeFi(탈중앙화 금융, 중개자 없이 블록체인 상에서 금융 서비스를

제공하는 시스템)가 전통적인 금융 시스템에 도전하고 있습니다."

10. 미세 조정과 마무리

다양한 문체로 변형해 보기

📝 **프롬프트:** "다음 글을 문학적인 문체로 다시 작성해 주세요: 가을은 계절의 변화를 느끼기 좋은 시기입니다. 나뭇잎이 색깔을 바꾸고 날씨가 선선해집니다. 많은 사람들이 가을 활동을 즐깁니다. 가을 축제, 사과 따기, 단풍 구경 등이 인기 있습니다. 또한 가을은 수확의 계절이기도 합니다."

✅ **수정 결과:** "황금빛 계절의 문턱에 서면 세상은 한 폭의 그림처럼 변모한다. 나뭇잎들은 마치 불꽃놀이를 하듯 붉은 빛과 황금빛으로 화려하게 물들어가고, 여름의 뜨거운 숨결은 어느새 청량한 가을바람으로 자신의 자리를 내어준다. 이 시간, 인간의 영혼은 자연의 아름다움 앞에 겸손해지며 그들은 가을의 풍요로운 팔레트가 선사하는 축제로 향한다. 익어가는 사과의 달콤한 유혹에 이끌려 과수원을 찾는 이들, 시간이 멈춘 듯 단풍이 물든 산길을 거니는 이들로 가을은 생동한다. 그리고 대지는 묵묵히 일 년의 결실을 보듬어 안으며 인간에게 풍요의 계절임을 다시 한번 속삭인다."

특정 인물이나 작가의 스타일로 바꾸기

📝 **프롬프트:** "다음 글을 베르나르 베르베르 작가의 스타일로 다시 작성해 주세요: 인간의 뇌는 복잡한 기관입니다. 수십억 개의 뉴런이 연결되어 생각과 감정을 만들어냅니다. 뇌의 잠재력은 아직 완전히 이해되지 않았습

니다. 과학자들은 계속해서 뇌의 비밀을 연구하고 있습니다."

☑ **수정 결과:** "실험 #27: 인간 뇌의 미스터리

당신은 이것을 알고 있는가? 당신의 두개골 안에는 우주보다 더 복잡한 미지의 세계가 존재한다.

1,000억 개의 뉴런. 각각은 1만 개의 다른 뉴런과 연결될 수 있다. 단순한 계산만으로도 그 가능한 연결 조합은 우주의 원자 수보다 많다.

과학적 사실: 당신이 이 문장을 읽는 동안에도 당신의 뇌에서는 수천 개의 화학 반응이 일어나 생각과 감정이라는 환상을 만들어낸다.

질문: 우리는 과연 우리 자신을 이해하고 있는 것일까?

한 노인 신경과학자는 죽기 전 마지막 연구 노트에 이렇게 남겼다. '50년을 연구했지만, 뇌의 비밀은 겨우 1% 정도 이해했을 뿐이다.'

우리의 뇌가 가진 잠재력은 어쩌면 우리가 상상할 수 있는 범위를 훨씬 뛰어넘는 것인지도 모른다. 과학자들은 이 미지의 우주를 탐험하는 우주비행사와 같다.

흥미로운 가설: 만약 우리가 뇌의 능력을 100% 활용할 수 있다면, 어쩌면 텔레파시, 초능력, 불멸까지도 가능할지 모른다.

하지만 더 흥미로운 질문은⋯ 당신의 뇌는 지금 이 순간에도 당신에게 무엇을 숨기고 있는가?"

두괄식/미괄식 등 문단 구성 방식 변경하기

✏️ **프롬프트:** "다음 글의 각 문단을 두괄식(결론 먼저 제시)으로 수정해 주세요: 산업화가 진행되면서 공장에서 배출되는 오염 물질이 증가했습니다. 그로 인해 공기와 물이 오염되었고 생태계가 파괴되었습니다. 결과적으로

환경 오염이 심각한 사회 문제로 대두되었습니다.

사람들은 다양한 방법으로 환경 보호에 참여하기 시작했습니다. 일회용품 사용을 줄이고 재활용을 실천하며 친환경 제품을 선호하게 되었습니다. 이러한 노력이 환경 의식의 향상으로 이어졌습니다."

☑ 수정 결과:

"환경 오염이 심각한 사회 문제로 대두되었습니다. 산업화가 진행되면서 공장에서 배출되는 오염 물질이 증가했습니다. 그로 인해 공기와 물이 오염되었고, 생태계가 파괴되었습니다.

환경 의식이 크게 향상되었습니다. 사람들은 다양한 방법으로 환경 보호에 참여하기 시작했습니다. 일회용품 사용을 줄이고, 재활용을 실천하며, 친환경 제품을 선호하게 되었습니다."

결론 강화하기

📝 프롬프트: "다음 글의 결론 부분을 더 강력하고 인상적으로 다시 작성해 주세요: 따라서 친환경 에너지로의 전환은 미래를 위한 중요한 과제입니다. 화석 연료에 대한 의존도를 줄이고 재생 에너지 기술에 투자해야 합니다. 정부, 기업, 개인 모두의 노력이 필요합니다. 우리의 선택이 다음 세대의 환경을 결정할 것입니다."

☑ 수정 결과:

"**결론: 우리의 선택, 지구의 운명**

친환경 에너지로의 전환은 더 이상 선택이 아닌 생존을 위한 필수 과제입니다. 화석 연료의 시대는 끝나가고 있으며, 재생 에너지 기술에 대한 과감한 투자만이 우리의 미래를 보장할 것입니다. 이는 정부의 정책, 기업의 혁신, 그리고 개인의 일상적 실천이 삼위일체를 이루어야만 가능한 거대한 변혁입니다.

우리가 오늘 내리는 결정과 행동은 단순한 현재의 선택이 아닌, 수십 세대의 운명을 좌우하는 역사적 책임입니다. 지금 이 순간, 우리는 파괴의 공범자가 될 것인가, 아니면 지구 회복의 영웅이 될 것인가를 결정해야 합니다. 미래 세대가 우리를 어떻게 기억할지는 오로지 우리의 손에 달려 있습니다."

제목과 부제목 최적화하기

☑ 프롬프트: "다음 글의 내용을 잘 반영하면서도 호기심을 자극하는 제목과 부제목을 제안해 주세요: 인공지능 기술이 발전하면서 일자리 시장에 큰 변화가 예상됩니다. 반복적이고 예측 가능한 일들은 자동화될 가능성이 높습니다. 이로 인해 일부 직업은 사라지고 새로운 직업이 생겨날 것입니다. 창의성, 비판적 사고력, 감성 지능과 같은 인간 고유의 능력이 더욱 중요해질 것입니다. 교육 시스템도 이러한 변화에 맞춰 진화해야 합니다. 미래 세대가 새로운 환경에 적응할 수 있도록 준비시켜야 합니다."

☑ 수정 결과:

"# 인간 vs. AI: 당신의 일자리는 안전한가?

기계가 대체할 수 없는 '인간다움'이 미래의 경쟁력이 된다

또는

로봇이 당신의 이력서를 읽고 있다

인공지능 시대, 살아남을 직업과 사라질 직업의 분기점

또는

인공지능의 부상: 일자리 혁명의 시작인가, 종말인가?
　　미래 인재에게 필요한 창의성, 감성 지능, 그리고 교육의 변화"

　이로써 챗GPT를 활용한 글쓰기 향상 기법에 관한 저자 실전 가이드가 완성되었다. 각 항목마다 구체적인 프롬프트 예시와 실제 적용 결과를 제시하여 교재로 활용하기에 적합한 내용으로 구성했다. 저자들은 이 가이드를 통해 초안 작성부터 수정보완까지의 전 과정에서 챗GPT를 효율적으로 활용할 수 있을 것이다.

부 록

디지털책쓰기코칭협회
소개와 활용 안내

새로운 것에 도전하는 액티브 시니어는 아름답습니다

새로운 책쓰기 시대, 액티브 시니어와 AI의 만남

　대한민국은 초고령 사회에 진입하여 65세 이상 인구가 1,020만 명, 전체 인구의 20%에 이르고 있습니다. 왕성하게 활동하는 액티브 시니어들은 다양한 경험과 지혜를 글이나 책으로 남기고 싶어 하지만, 혼자서는 쉽게 도전하기 어려운 일로 여겨지기도 합니다. 전문 글쓰기 코치의 코칭을 통해 스스로 책을 쓰는 것이 가능함에도 여전히 많은 분들이 어려움을 느끼고 있습니다.

　그러나 생성형 AI인 챗GPT 등의 등장은 책쓰기 방식에 혁명적인 변화를 가져오고 있습니다. 눈이 침침하거나 컴퓨터 사용이 익숙하지 않은 시니어분들께는 희소식이 아닐 수 없습니다. 이제는 말로 하거나 사진을 찍으면 문서가 자동으로 작성되고, 작성된 문서를 아름다운 목소리로 읽어 주기까지 합니다.

　더욱 놀라운 것은 챗GPT가 한두 시간 만에 책 한 권의 초안을 완성해 줄 수도 있다는 점입니다. 이를 통해 책쓰기에 드는 시간과 비용을 3분의 1 이하로 대폭 줄일 수 있게 되었습니다. 이제 컴퓨터나 AI 활용이 서툰 분들, 혹은 책쓰기를 처음 시작하는 분들까지도 누구나 자신만의 책을 출간할 수 있는 도전의 기회가 열렸습니다. 이처럼 새로운 기술이 액티브 시니어 여러분의 삶을 더욱 풍요롭게 만들어 드릴 것입니다.

디지털책쓰기코칭협회 소개

본 협회는 디지털 기술을 활용하여 누구나 스스로 책을 쓸 수 있도록 돕는 전문가 그룹입니다. 책쓰기를 꿈꾸는 예비 저자들이 스스로 글을 쓰고 책을 완성할 수 있도록 돕기 위해 시인, 작가, 수필가, 디자이너, 코치 등 전문가와 출판사 대표를 포함한 50여 명이 모여 협회를 출범했습니다.

특히 컴퓨터 사용이 익숙하지 않은 분들도 생성형 AI 기술을 활용하여 직접 타이핑하지 않고도 책을 출간할 수 있도록 'AI 책쓰기 코치'들이 적극적으로 지원할 예정입니다. 저희 'AI 책쓰기 코치'들은 인공지능AI 기술을 활용하여 시니어 예비 작가분들이 직접 책을 쓰고 출간할 때까지 모든 과정을 돕습니다. 나아가 책 출간 이후의 홍보와 판매까지도 지원하여 작가님의 노력이 결실을 맺을 수 있도록 최선을 다하겠습니다. '디지털책쓰기코칭협회'는 'AI 글쓰기 코칭'을 통해 책쓰기가 처음인 분들도 누구나 자신만의 책을 출간할 수 있도록 돕는 것을 목표로 합니다.

나에게 맞는 책쓰기 코칭, 이렇게 진행됩니다

디지털 책쓰기 개인 코칭 방식: 1:1 개인별 원스톱(One-Stop) 서비스

AI 기술을 활용하는 전문코치의 도움으로 여러분이 스스로 글을 쓸 수 있도록 개별 코칭을 진행합니다. 이 과정은 출간기획부터 출판 후 홍보까지 1:1 개인별 맞춤 서비스로 이루어집니다. 출판 과정 또한 AI 기술과 스마트워킹을 통해 비대면 진행을 병행하여 기존 방식보다 훨씬 효율적이며 시간과 비용을 크게 절약할 수 있습니다.

디지털 책쓰기 코칭의 맞춤형 프로그램

유형	A형	B형	C형
개별 코칭의 특징	책 발간을 위해 상당 부분 사전 준비가 되어 있어 약간의 도움이 필요한 경우	준비하고 있으나 자료를 추가하거나 보완이 필요하여 코치의 도움이 필요한 경우	자서전, 자기계발서, 전문서적 등을 계획하고 있으나 코치의 도움이 절대적으로 필요한 경우
코칭 기간	3개월	6개월	12개월
코칭 방법	이미 완성된 원고에 대한 윤문, 편집, 디자인 등 수정보완의 출간 프로세스 중심의 코칭	완성된 글 수정과 추가로 글쓰기를 완성하는 출간 프로세스 중심의 코칭	스마트폰과 챗GPT를 활용하여 초보적 글쓰기부터 최종 출간될 때까지 코칭

디지털 책쓰기 교육 과정 안내

본 협회에서는 생성형 AI 등을 활용한 '뚝딱 책 한 권 끝내기' 과정을 운영하고 있습니다. 디지털 책쓰기 코칭 과정은 '개별 코칭'과 '집단 코칭'으로 나뉩니다.

과정 구분	개별 코칭 과정	집단 코칭 과정
교육 시간	12시간	6~20시간
가능 인원	1~3명 이내	10명 이내
과정의 주요 특징	디지털, AI 활용이 어려운 시니어 분들을 위해 1:1 맞춤식으로 진행됩니다. 스마트폰 앱과 챗GPT 등 생성형 AI를 활용하여 책과 글쓰기에 필요한 기본 원리 이해와 기술에 대한 실전 학습을 제공합니다.	스마트폰 앱과 챗GPT를 PC까지 활용하여 책과 글쓰기 과정에 필요한 전반적인 기술을 종합적으로 실습하는 과정입니다. 책 한 권의 초안을 1시간 만에 끝내는 것을 목표로 운영됩니다.

디지털 책쓰기 아카데미: 자신감을 통한 책 완성

아카데미 소개: 기획서부터 출간까지 AI 기술을 활용하여 스스로 책을 쓰도록 코칭해 드립니다.

책쓰기를 처음 시작하시는 분들께 가장 중요한 것은 바로 '나도 할 수 있다'는 자신감입니다. 저희 아카데미에서는 책을 쓰려는 목적 설정부터 제목, 목차 정하기, 서문과 본문 작성, 그리고 수정보완에 이르기까지 모든 과정을 스마트폰과 챗GPT 등 생성형 AI 기술을 활용한 실습으로 진행합니다. 이를 통해 책쓰기에 대한 자신감을 얻고, 스스로 책 한 권을 완성하는 것을 목표로 합니다. 디지털 책쓰기 코치의 도움으로 책이 출판되고 홍보되는 전체 과정을 원스톱으로 지원합니다.

디지털 책쓰기 아카데미 교육 과정

단계	과정 내용	코칭 기간	비고
Module I 디지털 책쓰기 기본 과정	1) 스마트폰을 활용한 기본 기술 　- 3대 기본 기술 STT, ITT, TTS 활용과 스마트워킹 2) 챗GPT를 활용한 책과 글쓰기 실습 　- 챗GPT 활용 장르별 글쓰기 　- 챗GPT 활용 책 한 권 본문 초안 쓰기 　- 챗GPT 활용 초안을 수정보완하여 완성하기 3) 저자, 코치, 출판사가 구글 드라이브로 스마트워킹(Smart working)을 통해 책쓰기 실습	4주 (3H/ 1일)	1) 스마트폰 기본 활용과 챗GPT 책쓰기 도전 과정 비중을 3:7로 안배 2) 모집단의 구성원 수준에 따라 비중은 달리 적용

Module II 책쓰기 기본 과정	1) 왜 지금 책과 글을 써야 하는가(Why) 　- 협회 소개, 디지털 책쓰기 코칭 성공사례 공유 등 2) 나는 무슨 책을 써야 할까(What) 　- 주제&제목, 목차 정하기 실습 3) 어떻게 책을 구성할까(How/Direction) 　- 챗GPT를 활용해 본문을 작성하기 위한 실전 4) 어떻게 출판사를 유혹할까(How) 　- 매력적인 출간기획서 작성과 본문 작성 　- 본문 작성 후 챗GPT를 활용한 수정보완 5) 책출판 프로세스와 공동문집 발행 실습체험(2주)	8주 (3H/ 1일)	1) 책쓰기 기본 과정은 1인 주강사가 계속 전담함 2) 기본 과정 이수 후에는 실습한 글을 모은 '공동문집'을 졸업기념집으로 발행 3) 간이책자(POD)로 발행하되 스마트워킹으로 참여하며 책쓰기 직접 체험의 기회 부여
Module III 책쓰기 코칭과 출판 과정	1) 개인별 희망과 수준에 따른 AI 코칭작가 1:1 매칭 2) 개인별 준비된 수준은 A,B,C형으로 구분하여 AI코칭작가와 책이 출판되기까지 원스톱으로 진행 3) 출판사는 저자의 희망에 따라 매칭하여 진행	3~6개월	1) A형(원고가 준비된 경우) 2) B형(원고가 일부 준비된 경우) 3) C형(처음 시작하는 경우)

경비 구조

아카데미의 각 모듈별 경비는 다음과 같으며, 수강생 여러분의 상황에 맞춰 유연하게 책정됩니다.

유형	Module I	Module II	Module III
교육기간	4주	8주	3~6개월
소요 경비	교육 대상자의 눈높이, 출판 경험 유무, 사전 준비 능력 등에 따라 개별적으로 책정됩니다.		책자 발간과 관련되어 추가로 발생하는 AI코칭 작가 비용은 저자의 글쓰기 수준, 코칭 기간 등을 고려하여 결정됩니다.

아카데미 운영 특징과 특전

아카데미는 수강생 여러분께 최적화된 학습 경험을 제공하고자 다음과 같은 특징과 특별 혜택을 드립니다.

- 소수 정예 운영: 각 차수 교육 인원은 10명에서 15명 내외로 구성됩니다. 이는 개인별 맞춤 코칭을 통해 기획부터 출판까지 원스톱 서비스가 효과적으로 이루어질 수 있도록 하기 위함입니다.
- 지속적인 교류와 지원: 기본 과정을 수료한 분들께는 공동 문집 발행의 기회를 드립니다. 또한 수료 후에는 기수별 모임을 결성하여 지속

적인 상호 교류, 진행 과정 공유, 마케팅 정보 교환 등의 활동을 지원해 드릴 예정입니다.
- 전문 협회 활동 기회: 교육 이수자는 한국디지털문인협회 회원으로 등록됩니다. 이를 통해 한국디지털문인협회에서 주관하는 다양한 프로그램에 참여하고, 디지털 문학상에 도전할 수 있는 기회를 얻게 됩니다.

책쓰기 코칭과 교육 신청 안내

'디지털책쓰기코칭협회'는 책을 대신 써주거나 자비 출판을 돕는 방식이 아닙니다. 책의 기획부터 출간까지 출판사와 AI 코치들이 여러분의 든든한 안내자가 되어 스스로 책을 쓸 수 있도록 지원하는 방식으로 관련 교육을 진행합니다. 이런 활동을 통해 발생하는 수익의 일부는 미얀마 청소년 장학금으로 쓰입니다.

디지털 책쓰기 코칭 관련 문의

- 이메일: jska032852@gmail.com
- 전화번호: 010-8911-2075
- 네이버 카페: https://cafe.naver.com/bookdigital

왕초보 챗GPT로 책쓰기 도전

© 가재산 외 2인, 2025

1판 1쇄 인쇄_2025년 9월 15일
1판 1쇄 발행_2025년 9월 20일

지은이_가재산·장동익·김영희
펴낸이_홍정표

펴낸곳_글로벌콘텐츠
　　　　등록_제25100-2008-000024호

공급처_(주)글로벌콘텐츠출판그룹
　　　　대표_홍정표 이사_김미미 편집_백찬미 강민욱 남혜인 홍명지 권군오
　　　　디자인_가보경 기획·마케팅_이종훈 홍민지
　　　　주소_서울특별시 강동구 풍성로 87-6 전화_02-488-3280 팩스_02-488-3281
　　　　홈페이지_www.gcbook.co.kr 메일_edit@gcbook.co.kr

값 19,800원
ISBN 979-11-5852-602-3 (13320)

* 이 책은 본사와 저자의 허락 없이는 내용의 일부 또는 전체를 무단 전재나 복제, 광전자 매체 수록 등을 금합니다.
* 잘못된 책은 구입처에서 바꾸어 드립니다.